詳解
LGBT企業法務

第一東京弁護士会司法研究委員会
LGBT研究部会 編

青林書院

刊行のごあいさつ

第一東京弁護士会では，昭和43年に「司法研究基金」の制度を創設し，会員が弁護士の身近な業務や弁護士制度の改善進歩に寄与する問題について調査研究し，今日までにその研究成果のいくつかを叢書として世に送り出しています。

当会司法研究委員会内に設置されたLGBT研究部会は，企業法務の現場におけるLGBTの諸問題について研究を重ね，2020年３月に，当会会員向け小冊子「企業法務としてのLGBT」を発行し，この度，この小冊子を改訂した上，一般読者に向けて書籍化することとなりました。LGBTを取り巻く問題は，年々，社会における重要度を増しており，例をあげれば，経団連は「ダイバーシティ・インクルージョン社会に向けて」（2017年５月16日）を提言し，連合も「LGBTに関する職場の意識調査」（2016年８月25日）を公表して，企業・労働組合が対応すべき労働問題として位置付けています。本書はその労働問題を中心に，実務の現場において生じている様々な課題を取り上げ，考え方を示すものです。

本書では，まず，入門編としてLGBTについての基礎知識を確認し，それを土台として各論編として企業法務において生じうるLGBTに関する法律問題を検討しています。さらに，ビジネスの現場におけるLGBTの問題，就業規則対応，事例研究を取り上げ，実務と理論を横断的に俯瞰できる構成となっており，幅広い読者にご利用しやすい内容となっています。本書が企業法務に携わる方に広く活用されることを祈念致します。

令和３年５月

第一東京弁護士会

会長　三　原　秀　哲

『詳解　LGBT 企業法務』の発刊について

企業法務に携わる方の中には，LGBT という言葉こそ聞いたことがあっても法律問題のテーマとして捉えたことがない方々も少なくないと思います。そこで，まず，性の多様性の問題の根底には，人がありのままで尊重されるべきことや，自らの人生を自らで決定する自己決定権が存在することを理解していただき，その上で，この考えが，既定の規律と一定の慣行に基づき形成された労働環境の中で今まで明示的に意識されなかった問題を提起していることを知っていただきたいと考えております。

近年，LGBT に関係する裁判例が出てきていますが，裁判例はあくまで個別事例に対するものであり，必ずしもすべてのケースに当てはまる基準とはなり得ません。

本書は，企業が個別具体的な問題に直面した場合にどのように対応すべきか，その指針を示しております。LGBT と企業法務について検討をしたことがない方も，そうではなくある程度対応の経験がある方にとっても十分お役に立つものと考えております。本書が，多くの皆様にご活用いただけましたならば，それは当委員会の大いなる喜びであります。

令和３年５月

第一東京弁護士会司法研究委員会
委員長　多　賀　亮　介

刊行にあたって

LGBTという言葉はこの数年で社会に浸透し，判例も少しずつ蓄積されLGBTを取り巻く法律問題についても関連書籍が多数刊行されています。

ところが，企業法務という視点でいえば，啓発活動や福利厚生の充実以外にも，まだ尽くされていない論点が様々に存在しています。

2017年に第一東京弁護士会がLGBT研究部会を発足させた趣旨は，まさにここにあります。企業からの相談依頼に接することの多い当会の弁護士が，LGBT企業法務に関する理解を深めています。

2020年3月，本部会は企業の労働問題の相談を受ける弁護士が，LGBTに関する理解を深め，企業側の相談の要所を摑むための小冊子を編纂し，第一東京弁護士会の全弁護士に配布いたしました。そうしたところ，読者の弁護士より，この小冊子は弁護士に限らず企業法務に携わる方々にとっても有益なものというお言葉をいただきました。本書の刊行にあたっては，さらに最新の情報と労働問題以外のビジネスにおける法律問題や事例研究等を盛り込み，最新の知見を解説したものと自負しております。

多くの皆様の手に取っていただき，企業法務実務の一助としてお役立て頂けましたら，この上ない喜びです。

最後になりましたが，本書の企画・編集における青林書院編集顧問の宮根茂樹氏の丁寧なサポートのおかげで本書刊行の運びとなりました。同氏に厚く御礼を申し上げます。

令和3年5月

第一東京弁護士会司法研究委員会LGBT研究部会
部会長　安　倍　嘉　一

編集者・執筆者一覧（五十音順）

■編集者・執筆者

安倍　嘉一　森・濱田松本法律事務所
（第3部第2章・第4章）

石橋　達成　東京経済綜合法律事務所
（第1部，第3部第2章・第3章，第6部第2章，巻末資料）

立石　結夏　新八重洲法律事務所
（第3部第5章，第4部，巻末資料）

宮崎　　綾　阿部・井窪・片山法律事務所
（第2部第1章・第2章）

森川　紀代　森川法律事務所
（第3部第6章・第7章，コラム1「外国人パートナーの在留資格」）

■執筆者

安藤　尚徳　東京フィールド法律事務所
（第3部第5章，第6部第1章）

宇野　康枝　宇野康枝法律事務所
（第2部第1章）

岡﨑　紳吾　岡﨑法律事務所
（第3部第4章）

河本みま乃　番町総合法律事務所
（第5部）

白木　麗弥　ハミングバード法律事務所
（第2部第2章，コラム2「社内でのカミングアウト」）

竹村　将志　中村法律事務所
（第5部）

伊達有希子　新千代田法律事務所
（第3部第3章）

三輪　記子　三輪記子の法律事務所
（第3部第1章，コラム3「LGBTとテレビ」）

吉村　佳代　SMBCコンシューマーファイナンス株式会社
（第5部）

凡　例

Ⅰ　法令の引用表記

(1)　カッコ内を除く地の文における法令名の表記は，原則として，正式名称によった。

(2)　カッコ内における法令条項の引用は，原則として，次のように行った。

(a)　同一法令の場合は「・」で，異なる法令の場合は「，」で併記した。それぞれ条・項・号を付し，「第」の文字は省略した。

(b)　主要な法令名については，次の略語を用いた。

■法令名略語例

育　介	育児休業，介護休業等育児又は家族介護を行う労働者の福祉に関する法律
育介則	育児休業，介護休業等育児又は家族介護を行う労働者の福祉に関する法律施行規則
家　手	家事事件手続法
憲	憲法
戸	戸籍法
雇　均	雇用の分野における男女の均等な機会及び待遇の確保等に関する法律
個人情報保護法	個人情報の保護に関する法律
国　公	国家公務員法
通則法	法の適用に関する通則法
特例法	性同一性障害者の性別の取扱いの特例に関する法律
入　管	出入国管理及び難民認定法
民	民法
労安衛	労働安全衛生法
労　基	労働基準法
労　契	労働契約法
労　組	労働組合法
労働施策推進法	労働施策の総合的な推進並びに労働者の雇用の安定及び職業生活の充実等に関する法律

Ⅱ　判例の引用表記

判例の引用表記は，「判例等略語例」の略語を用い，次の〔例〕のように行った。

〔例〕平成31年１月23日，最高裁判所第２小法廷決定，判例タイムズ1463号74頁

→最〔２小〕判平成31年１月23日判タ1463号74頁

■判例等略語例

最	最高裁判所
最大	最高裁判所大法廷
高	高等裁判所
地	地方裁判所
支	支部
判	判決
決	決定
民集	最高裁判所（または大審院）民事判例集

裁判集民事	最高裁判所裁判集民事
下民集	下級裁判所民事裁判例集
労民	労働関係民事裁判例集
家月	家庭裁判月報
判時	判例時報
判タ	判例タイムズ
労経速	労働経済判例速報
労判	労働判例

目　　次

第3部　各　論　編

第４部　ビジネスにおけるLGBT

第5部　就業規則編

第6部　事例検討

巻末資料　企業における取組事例

第1部

総　　論

第１章 LGBT に関する企業法務対応の必要性

LGBT＊[1]に関する問題は，企業法務に携わる者にとって，もはや必須の知識となった。

１つには，法対応の問題である。すでに大企業において2020年６月１日から施行され，中小企業については2022年４月１日の施行が予定されている労働施策の総合的な推進並びに労働者の雇用の安定及び職業生活の充実等に関する法律（いわゆる「パワハラ関連法」）に関して厚生労働省が同年２月に発した「事業主が職場における優越的な関係を背景とした言動に起因する問題に関して雇用管理上講ずべき措置等についての指針」（令和２年厚生労働省告示第５号）の中で，性的指向・性自認に関する言動についてパワーハラスメントに該当すると考えられる例を挙げた。すなわち，同指針において定められたパワーハラスメントの６類型のうち，「精神的な攻撃」の類型に該当すると考えられる例の中で，「人格を否定するような言動を行うこと。相手の性的指向・性自認に関する侮辱的な言動を行うことを含む。」を挙げ，さらに，「個の侵害」の類型に該当すると考えられる例の中で，「労働者の性的指向・性自認（中略）等の機微な個人情報について，当該労働者の了解を得ずに他の労働者に暴露すること。」を挙げているのである。同指針は，事業主に対して，一定の措置を講ずべきことを義務づけている

＊１　セクシュアル・マイノリティの総称については様々な概念があるが，本冊子においては，セクシュアル・マイノリティを指す言葉として「LGBT」を用いることとする。なお，LGBT は Lasbian，Gay，Bisexual，Transgender の頭文字をつなげた略語である。詳しくは第１章［２］⑴参照。

が，その中には就業規則への規定化が含まれている。したがって，企業法務としてのLGBTは，取り組んだほうが望ましいテーマではなく，「取り組まなければならない法的課題」に位置づけられているのである。

とはいえ，経営者の中には，まだまだLGBTへの理解が行き届いておらず，「わが社にはLGBTはいないから対応する必要はない」と考える人がおり，弁護士のみならず企業法務の実務にあたる方々の中にも「そんな特殊な問題に出会ったことはないし，これからもないだろう」と考えている人がいるかも知れない。

しかし，LGBTは日本人の中に8.9％程度はいるという調査結果がある*2。従業員が100人の企業なら9人，1000人の企業なら90人のLGBTがいてもおかしくない。

そもそもLGBTが身近にいないと多くの人が感じるのは，その人数が少ないからというだけでなく，LGBTの多くが，誤解や差別，偏見に基づく不利益を恐れて，自身がLGBTであることを明らかにしていないこともその大きな原因だろう。だが，LGBTは確かに身近に存在している。したがって，この問題に無頓着なままでは，深刻な法的リスクを見逃したり，あるいは現実に法的紛争に発展してしまったりという事態に陥りかねない。

現実に，あるロースクールにおいて，ゲイの学生が，同級生から同性愛者であることをアウティングされたことなどを苦にして自殺をした事案や，性自認に従ったトイレの利用が認められないことを不服としてトランスジェンダー女性（中央省庁勤務）が訴えを起こした事案などを念頭に置けば，これが自社で発生した場合の影響を考えずにはいられないであろう。

米国においては2020年6月，同性愛者又はトランスジェンダーであ

＊2　電通ダイバーシティ・ラボの「LGBT調査2018」（http://www.dentsu.co.jp/news/release/2019/0110-009728.html）。

ることを理由とする解雇は公民権法（1964年）第７編に違反するものであるという連邦最高裁判所の判決が下された。これにより，以後，同法の適用される使用者については特段の抗弁が認められない限りは，同性愛者又はトランスジェンダーであることを理由に従業員を解雇することが許されないこととなった。

少し前のことにはなるが，2016年３月ノース・カロライナ州で通称HB２又はトイレ法と呼ばれる法律が制定され，公共のトイレは出生証明書に記載された性別に従わなければならないとされた。同法をめぐっては当時のバラク・オバマ大統領のもと，連邦政府が同州を相手取って訴訟をする展開に至ったが，実は，それにとどまらず，州の経済的痛手は数十億ドルに上ったとする推計もある。どういうことかというと，同法の，またひいてはこれを制定した同州のアンチ LGBT の姿勢に抗議して，数多くのミュージシャンが同州での公演を中止し，スポーツ界も同州で試合を行うことを見送り，さらに多くの世界的企業が同州に抗議を行ったためであった。

米国はもとよりその他地域でグローバルに活動する企業にとってはもちろん，それ以外の企業にとっても，LGBT 問題に対する差別・偏見や無関心・無理解に由来する経営施策をとった場合に，同様の事態が生じうる。

2021年６月の米国最高裁判所による，ゲイ・トランスジェンダーであることを理由とする解雇が公民権法第７編に違反するものだとの判決や，2021年１月20日に大統領に就任したジョー・バイデン氏が直ちに LGBT に関する雇用その他場面での差別の防止等を政策に掲げ，政府機関に対して必要な措置をとることを求める大統領令に署名したこともグローバル化するわが国の企業法務とは無関係ではあり得ない。

◆

第2章 各界の取り組み

[1] 経済界によるLGBTに対する取り組み

企業法務としてのLGBTという見地から紹介しなくてはならないのが，日本経済団体連合会（経団連）が2017年5月16日に発表した「ダイバーシティ・インクルージョン社会の実現に向けて」という提言である*3。

この中で，経団連は，「ダイバーシティ・インクルージョン」（Diversity and Inclusion）とは多様性を受け入れ企業の活力とする考え方であると紹介した上で，LGBTを含むあらゆる人材を組織に迎え入れるダイバーシティ，その上であらゆる人材がその能力を最大限に発揮でき，やりがいを感じられるようにするインクルージョン（包摂）が求められていると述べている。そして，企業がLGBTへの適切な理解を促すとともに，その認識・受容を進める上での視点として次の5つを挙げる。

① 幅広いプールからの人材獲得と退職の抑制
② 働きやすい社内環境の整備による生産性の向上
③ 自社のブランド価値向上
④ 法的リスク回避と社員の人権保護
⑤ ビジネスの拡大

＊3　http://www.keidanren.or.jp/policy/2017/039_honbun.pdf

このうち，④については「LGBTへの人権侵害による訴訟等のリスクを回避できると同時に，自社の社員を人権侵害の被害から保護することができる」と述べており，この視点はまさに企業法務に携わる者すべてがこの問題に通暁しておかなければ役割を果たせないことを示している。

その他の①ないし③及び⑤は，広い意味での人事なり経営戦略なりの視点であって，確かに企業法務に固有のテーマではないかも知れない。しかし，少子高齢化にともなう採用難や人手不足という現在の状況を踏まえれば，①ないし③は，企業が有能な人材を採用・確保するために必要不可欠といえ，⑤についても，LGBTに関する商品・サービスの市場規模が5.94兆円に上るという調査結果（電通ダイバーシティ・ラボの「LGBT調査2015」）もあることからすれば，企業においてLGBTに配慮した環境づくりやLGBTに対する理解を深めようという動きが出てくることは自然なことであり，正確な知識をベースとした法的判断が求められることは今後ますます増えてくると考えられる。経団連や有力企業が，LGBTに対する対応を推進しているのであるから，企業法務に携わる実務家がLGBTに関して無知・無関心でいてよいわけがないと考える。

経団連の提言は，上記の視点に続けて，次の８つの標題のもとに，企業におけるいくつかの具体的な取り組み例を挙げる。

①　性的指向・性的自認等に基づくハラスメントや差別の禁止を，社内規定等に具体的に明記
②　社内の人事・福利厚生制度の改定
③　社内セミナー等の開催
④　社内相談窓口の設置
⑤　ハード面での職場環境の整備
⑥　採用活動におけるLGBTへの配慮
⑦　LGBTに配慮した商品・サービスの開発

⑧　社外イベントへの協力，NPO法人等との連携

詳しい内容は提言に目を通していただく必要があるが，この項目を見ただけでも，少なくとも①②④⑤⑥については，企業法務に携わる者にとって，法的見地のもとに実施されなければならない事項であることが明らかである（これらの項目については，もちろん本書でも各論で取り上げて議論をしていく）。

［2］　労働組合によるLGBTに対する取り組み

企業にとって人が重要であり，それだけに人をめぐるトラブルが多い。

そこで，次にこの問題に関する労働組合側の考え方を見ておきたい。

2016年8月25日に発表された日本労働組合総連合会（連合）の「LGBTに関する職場の意識調査」が重要である*4。

いろいろなアンケートの結果がわかりやすく整理されているが，中でも注目すべき結果をいくつか紹介する。

まずは，職場におけるLGBTに関するハラスメント・差別的取扱いについての調査結果を取り上げる（以下，図表は，いずれも上記アンケートをもとに作成）。

職場におけるLGBT関連のハラスメントについてのアンケート結果（**図表1**）によれば，職場におけるLGBT関連のハラスメントを経験した，見聞きしたことがあるか，という質問に対して，自分が受けたとするのが1.3%，直接又は間接に聞いたことがあるとするのが22.9%という結果であった。ところが，これをLGBTが身近にいるか否かで分けてみると（LGBTが身近にいる人とは，LGBTからカミングアウトされたことがある人，カミングアウトしていると聞いたことがある人，という分類であ

＊4　https://www.jtuc-rengo.or.jp/info/chousa/data/20160825.pdf

【図表1】LGBT関連のハラスメント

◆職場（飲み会等含む）で，いわゆる「LGBT」に関するハラスメントを経験したこと，または，見聞きしたことはあるか

※LGBT非当事者に対するLGBTをネタにしたようなハラスメントも含まれるとして聴取［複数回答形式］

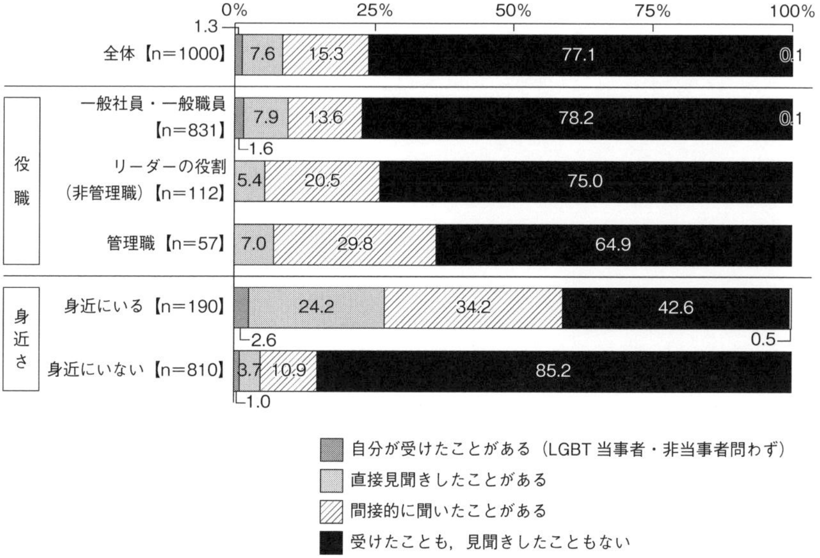

る），身近にいる人の58.4％が直接又は間接にLGBT関連のハラスメントを見聞きしたことがあり，身近にいない人についてはこの数値が14.6％にまで下がる。

同様にLGBT関連の差別的取扱い（解雇・降格・配置転換など）についてのアンケート結果は，**図表2**のようになっている。

いずれの結果を見ても，身近にLGBTがいる人は，身近にいない人に比べて，4倍から6倍程度，直接又は間接にLGBT関連のハラスメントや差別的な取扱いを見聞きしたというのである。

これは何を意味するのであろうか。たまたま身近にLGBTがいる職場で，そうでない人の職場に比べて，LGBT関連のハラスメントや差別的な取扱いが4倍ないし6倍多く行われているのだろうか。そうで

【図表2】LGBT関連の差別的扱い

◆職場で，いわゆる「LGBT」に関する差別的な取り扱い（解雇・降格・配置変更など）を経験したこと，または，見聞きしたことはあるか
［複数回答形式］

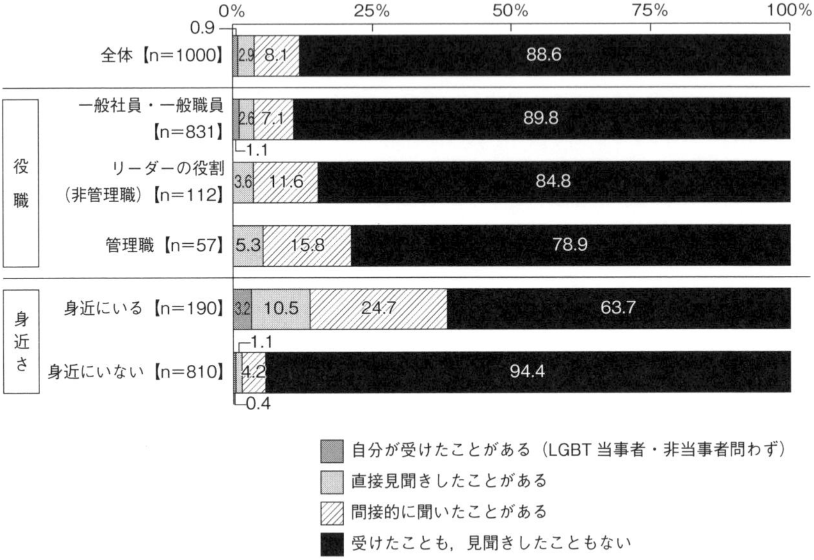

はなく，身近にLGBTがいる人は，そうでない人に比べて，LGBT関連のハラスメントや差別的取扱いに敏感に反応する（できる）と考えられている。誰でも1つや2つはコンプレックスを持っているものだが，自分がコンプレックスを感じている話題に（悪気はなくとも）他人が面白半分に触れていることには敏感に反応する。そういう場面を思い浮かべてもらえば，このアンケート結果も理解できると思う。

もう1つ，アンケート結果を紹介したい。

トランスジェンダーの髪型や服装，トイレ等の使用についてどのような配慮が必要かを尋ねた質問についてである（**図表3**）。今度は，この質問に対し，特に配慮は必要ない，と回答した層に注目する。

髪型・服装について，特に配慮は必要ないと答えたのは全体の

【図表３】トランスジェンダーの髪型・服装について

◆職場で、いわゆる「トランスジェンダー」（心と身体の性別が一致しない人）の髪型や服装について、
どのような配慮が必要だと思うか ［複数回答形式］

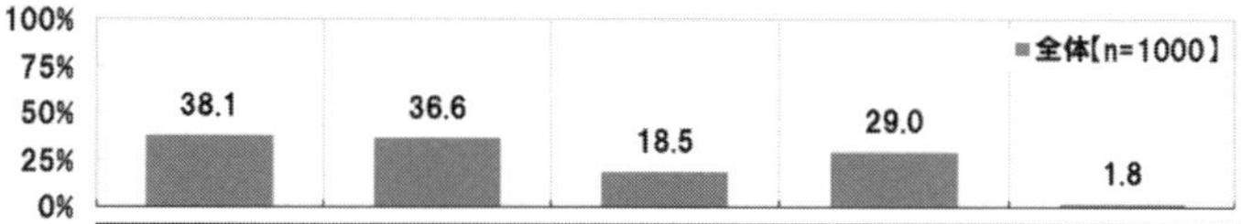

		n数	性自認（自分が思う性別）に基づいて自由な装いをできるようにする	性自認（自分が思う性別）に基づいた装いをできるように、話し合いや調整を行う	性自認（自分が思う性別）に基づいた装いをできるように、その必要性を職場で研修する	特に配慮は必要ない	その他
全体		1000	38.1	36.6	18.5	29.0	1.8
性別	女性	500	44.8	40.8	20.4	20.2	2.6
	男性	500	31.4	32.4	16.6	37.8	1.0
役職	一般社員・職員	831	38.3	37.5	19.5	28.4	1.9
	リーダーの役割	112	41.1	33.9	15.2	25.9	1.8
	管理職	57	29.8	28.1	10.5	43.9	-

全体比+10pt以上／ 全体比+5pt以上／ 全体比−5pt以下／全体比−10pt以下　　（％）

29.0％を占めるが，男女別に見ると，女性は20.2％，男性は37.8％がこう答えており，男性のほうが多くそのように考えているという傾向がある。さらに役職別に見ると，管理職では43.9％の人が特に配慮は必要ないと考えていたことがわかる（一般社員，リーダーがそれぞれ28.4％，25.9％）。トイレ等の施設の利用についてもほぼ同様の結果となっている。

一概に言い切るのは危険だが，男性・管理職層において，このような傾向が見られるのだとすれば，男女共同参画がなかなか進展しないわが国の企業ではLGBT 対応に取り組むべき課題が多く存在するといえそうである[*5]。それだけに，企業法務としてのLGBT 対応に関して本書第３部「各論編」でこれから取り上げるテーマについて，どのような法的問題が潜んでおり，どのような法的リスクがありうるのかを

＊５　一例ではあるが，令和２年12月25日に閣議決定された第５次男女共同参画基本計画では，社会のあらゆる分野において，2020年までに，指導的地位に女性が占める割合が，少なくとも30％程度となるよう期待するとしてきた，いわゆる202030目標には到達しそうにない状況であるとして，目標とする時期を「2020年代の可能な限り早期」と先送りされている。

きちんと理解しておくことが求められているといえる。

［3］　国際的に見たLGBTに対する取り組み

国際的に見ても，近時，SDGsという言葉を目にすることが少なくない。SDGsとは，Sustainable Development Goalsの下線部をつなげた言葉である。日本語では「持続可能な開発目標」とされる。

SDGsは，2015年9月に国連において開催された「国連持続可能な開発サミット」で，2016年から2030年までにすべての国で取り組むべき目標として採択された。17の目標と169のターゲットを定めている。

日本政府もその実現に向けて取り組んでいるが，ビジネス界では，日本経団連が2017年11月に企業行動憲章を「SDGsの達成を柱として」改定した。

実は，明示的にはSDGsはLGBT又は性的指向・性自認（SOGI（ソジ）：Sexual Orientation and Gender Identity）に触れていない。

例えば，SDGsの17の目標のうち，目標5がジェンダー平等の実現を謳っている。具体的には「ジェンダーの平等を達成し，すべての女性及び女児の能力強化を行う」とされているがLGBTについてもSOGIについても何ら言及がない。目標5に関する9つのターゲットを見ても同様である。

では，SDGsはLGBTと関係がないのだろうか。

そうは考えない。なぜならば，SDGsの基本理念は，その前文にもあるとおり，「誰一人取り残さない（No one will be left behind.）」ことにある。

この理念はすべての人のための目標の達成を目指し，誰かを取り残したり犠牲にしたりする目標ではないという宣言である。LGBTであることを理由にして取り残される者があってはならないはずである。

先ほど触れた日本経団連の企業行動憲章はその第6原則において，

「（働き方の改革，職場環境の充実）

6．従業員の能力を高め，多様性，人格，個性を尊重する働き方を実現する。また，健康と安全に配慮した働きやすい職場環境を整備する。」

と定める。

日本経団連は，企業行動憲章の改定に合わせて，企業行動憲章の実行の手引きも改訂しており，その第7版では，「6－1　多様な人材の就労・活躍を可能とする人事・処遇制度を構築し，ダイバーシティ・インクルージョンを推進する。」との項目のもと，「性的マイノリティ」について，「a．適切な理解を促すとともに，その認識・受容を進める。」，「b．当事者のカミングアウトの有無にかかわらず，多様な人材が存在することを前提とした社内の就業環境・制度の整備を進める。」という2項目を挙げている。

日本経団連はまさに経済界への号令として，かかる発信をしており，適正な企業活動を法的側面から実現する使命を担う企業法務実務家として，この潮流と無関係であってよいはずがない。

日本経済とどの国よりも深い関係を有する米国においてジョー・バイデン大統領が上記第1章のとおり，LGBTに関する施策をトランプ政権から大きく転換し，LGBTに対する差別を容認しない姿勢を鮮明にしたことも見逃せない潮流である。

◆

第3章　企業法務としてLGBT問題に対応することの意義

企業法務としてLGBT問題に対応することの意義をまとめると，次のようにいえよう。

まず，企業法務実務家が取り組むべき問題として，法的リスクの回避というのは消極的な側面ではあるものの，やはり重要性を否めない。第1章で述べたわずかな実例からも明らかであるし，現実にLGBTに関わる事件が訴訟に至ったケースは少なくない。

それだけではなく，LGBT対応がなされている企業においては，従業員が個人として尊重され，多様性が受け入れられている状態であって，従業員の生産性が向上するということがいわれている。米国のGoogle社は，「心理的安全性」という言葉を唱えた。他者の反応に怯えたり羞恥心を感じたりすることなく，自然体の自分を曝け出すことのできる環境や雰囲気のことを指し，心理的安全性が確保されている職場では，本来の自分とは大きく異なる仕事用の人格を演じることなく，チームに所属するすべてのメンバーが普段どおりのリラックスした状態で活動に参加することを可能にし，ひいてはチームの生産性向上に貢献するといわれ，ビジネス界で話題になった。

また，LGBT以外のマイノリティから見たときにもマジョリティから見たときにも，企業がLGBTに対する取り組みを行っていることは，その企業が従業員の一人ひとりを大切にしているという理解にいたるはずである。一人ひとりの従業員が「この会社に対して誠実に貢献しよう」と思える企業であればこそ，そこで働く従業員にとって，こうした企業は魅力的であり，働き続けたいと思える職場たりうる。

さらに，LGBTに関して適切かつ積極的に対応している企業は，ステークホルダー（取引先・顧客・消費者・株主・社会など）から見て，ダイバーシティ・インクルージョンという価値観を発信し，実践する企業として高い評価を受けることになろう。

弁護士が企業に的確な助言を与えるために，企業法務実務家が法律的側面から企業価値を実現・向上させるために，LGBTについて正確に理解することは，極めて重要である。

◆

第4章　本書の構成

本書では，まず第２部「入門編」を設け，基本的な概念・用語に加えて基礎的なＱ＆Ａを通じてLGBTに関する入門的知識を概観する。

第２部「入門編」ではさらに，2021年４月現在でのLGBTに関する法制度を概観する。

第３部「各論編」では，企業において生じうるLGBT対応の具体的問題を設例形式で網羅的に取り上げている。その際，LGBTに関する特殊な議論をするのではなく，労働法分野における重要な判例や通説的見解をベースに論じてある（他方で，企業実務にまつわるトランスジェンダーに関する下級審裁判例がいくつか存在し，本書の関連箇所で紹介をしているが，これらについては本書では必ずしも裁判例の見解・判断をそのまま企業法務のベースにしてよいという論述に立っていない。法律論のうえでも企業法務対応の面からも裁判例を参照する価値があるのはいうまでもないが，これらの裁判例はあくまで事例判断である。LGBTに関する企業法務の動きは進展を続けており，企業として取るべき対応を考える際に裁判れを参照しつつなお模索する必要があると考えている）。各論における議論を通じて企業において生じうるLGBTに関連する問題の所在と考え方を押さえてほしいと考えている。

第４部では，ビジネスにおけるLGBTにフォーカスした考察を行う。

第５部では，就業規則対応について説明を行う。

第６部では，限られた事案ではあるが，重要な事件の紹介と検討を行う。

また，「コラム」においては，発展的な知見・見解なども取り上げている。

巻末資料として，企業の取り組み事例を紹介している。

本書は，これからLGBT問題について知り，そして理解をさらに深めようとする企業法務実務家のための道標にもなっていると思う。

◆

第2部

入　門　編

第1章 LGBTに関する基本的概念，Q＆A

［1］はじめに

近年，自治体によるパートナーシップ制度の導入やテレビの報道・ドラマ等を通じて，「LGBT」という言葉を聞く機会が増えたと感じている人は多いのではないだろうか。こうした流れの中で，従来はあまり知られていなかった「LGBT」という言葉が身近なものになりつつある一方で，まだその概念を正確に理解できている人ばかりではないというのが実情のようである。

また，「日々の業務の中でLGBTをめぐる法律問題に直面したり，他の従業員から相談されたりしたとき，どのように対応すればよいか」という点を不安に感じている者は少なくないと思われる。もっともLGBTをめぐる問題だからといって，特殊な法的知識や経験が必要なわけではなく，基本的には最低限の知識を身につけたうえで，その他の問題と同様に対応していけばよいものと考えられる。ただ，当事者は長きにわたって差別や無理解な意見にさらされて生きづらく感じている場合が多いため，企業法務に携わる者としても，この問題に無知・無関心のままにLGBTをめぐる問題に対応すると，当事者を傷つけ，法的紛争を招いたり，紛争を悪化させたりするおそれが高い。

そこで，本章では，LGBTについて最低限知っておくべき概念やよくある誤解・疑問を，Q＆Aも用いて解説することとする。

[2] LGBTに関する基本的概念

(1) LGBT

レズビアン（Lesbian，女性同性愛者），ゲイ（Gay，男性同性愛者），バイセクシュアル（Bisexual，両性愛者），トランスジェンダー（Transgender，性別越境者）の頭文字をとった言葉であり，セクシュアルマイノリティ（LGBTを含む，セクシュアリティ（性のあり方）において少数派とされる人たちの総称）とほぼ同じ意味で使われている。電通ダイバーシティ・ラボの「LGBTQ＋調査2020」*[1]によると，LGBTを含むセクシュアルマイノリティの割合は8.9％（約11人に1人）とされている。

また，セクシュアルマイノリティを表す用語としては，LGBTのみならず，クエスチョニング（Questioning，自分の性自認や性的指向がわからない，又は決めていない人），クィア（Queer，セクシュアルマイノリティ全般を指し，かつては蔑称であったが，現在は当事者により肯定的に使われている）を含むLGBTQ，インターセックス（Inter-sex，生物学的性が一般的な男性にも女性にも分類されない状態）やアセクシュアル（Asexual，他人に対して性的魅力を感じない人）*[2]も含めたLGBTQIA，それら以外の様々な性を表すLGBTQ＋やLGBTsなど，様々な表現が存在する。

なお，「LGBT」，「LGBTQ」といった言葉は，ある人の属性を指すものではなく，あくまでもセクシュアルマイノリティとされる人たちの総称にすぎない。したがって，例えば「あなたはLGBTだから……」，「私はLGBTです」といった言葉の使い方は想定されていないことに注意が必要である。

＊1　https://www.dentsu.co.jp/news/release/2021/0408-010364.html
＊2　「A」は，アライ（Ally，後記(7)参照）を指すこともある。

⑵　生物学的性，性自認，性的指向，性表現

従前，性というのは男女の「性別」だけで捉えられてきたが，近年では性は多様性に富んでいることについて理解が進み，性を生物学的性，性自認，性的指向，性表現の４つの要素で捉えるようになってきている（**図表１**参照）。

【図表１】性別に関するイメージ図

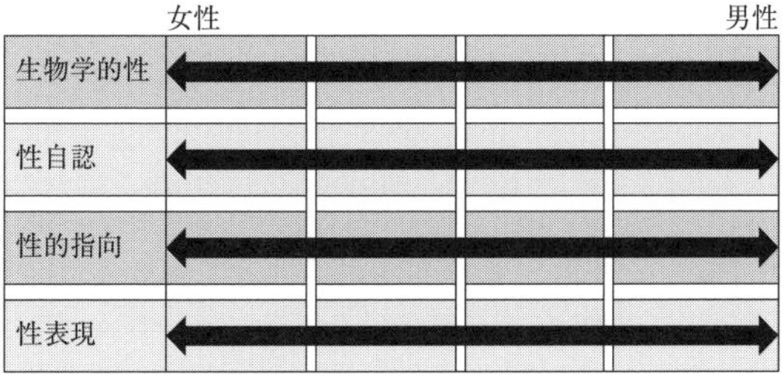

①　生物学的性（「からだの性」）

出生時に割り当てられる身体的性別。なお，性に関する身体の機能等が典型的な男女とは異なる発達の仕方をする「性分化疾患」という疾患も存在する。

②　性自認（「こころの性」）

自分の性別をどのように考えているかという自己認識。

③　性的指向（「好きになる性」）

好きになる相手の性別（なお，誤解の多いところであるが，性的「嗜好」ではない）。

④　性表現（「表現する性」）

服装や一人称等の表現。

これらの要素は，誰にとっても幅のあるものであって，固定的なものではない。「性は虹色のグラデーション」といわれる所以である。

⑶　レズビアン，ゲイ，バイセクシュアル，トランスジェンダー（MtF，FtM）

それぞれの用語の意味は以下のとおりである（**図表2**参照）。もっとも，セクシュアルマイノリティの中にはこれらに分類できない人もいるため，分類することには限界がある。

①　MtF（Male to Female：エムティーエフ）

トランスジェンダーのうち，生物学的性が男性で性自認が女性である人（**図表2**では□で表示）

②　FtM（Female to Male：エフティーエム）

トランスジェンダーのうち，生物学的性が女性で，性自認が男性である人（**図表2**では○で表示）

性的指向が同性か異性かどうかは，生物学的性ではなく，性自認を出発点にすることに留意する必要がある。

例えば，生物学的性・性自認・性的指向のいずれも男性の人と生物学的性が女性，性自認が男性，性的指向が男性の人が付き合っている場合，はたから見れば異性愛カップルに見えることが多いが，実際は同性愛カップルということになる。

なお，「ホモ」，「レズ」，「おかま」，「おなべ」，「両刀使い」，「ノーマル」といった言葉は，差別的用語にあたると考えられている。

⑷　SOGI（ソジ）

国際的に「LGBT」に置き換わりつつある言葉であり，Sexual Orientation and Gender Identity（性的指向及び性自認）の頭文字をとった言葉である。セクシュアルマイノリティを特別な存在として括り出すのではなく，より一般的に，個人の性的指向及び性自認を人権課題として考えるという発想に基づいている。

【図表２】

レズビアン：性自認が女性で，性的指向が女性の人

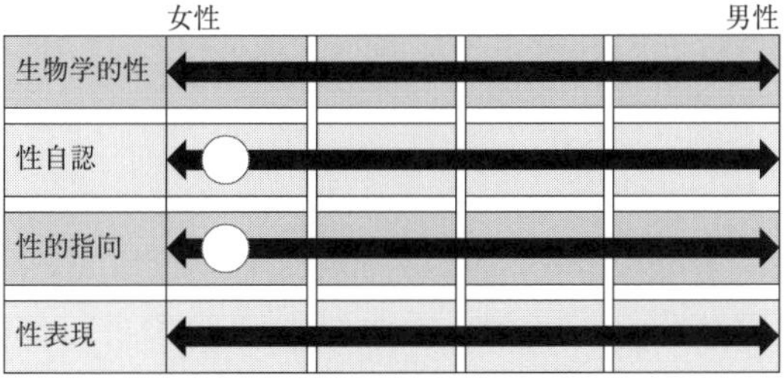

ゲイ：性自認が男性で，性的指向が男性の人

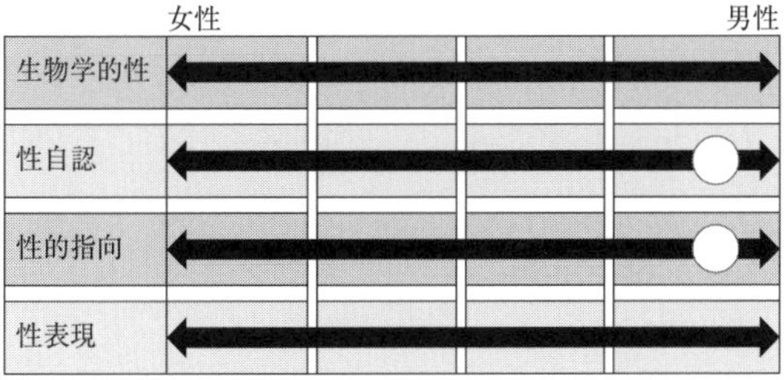

バイセクシュアル：性的指向が異性と同性の両方に向いている人

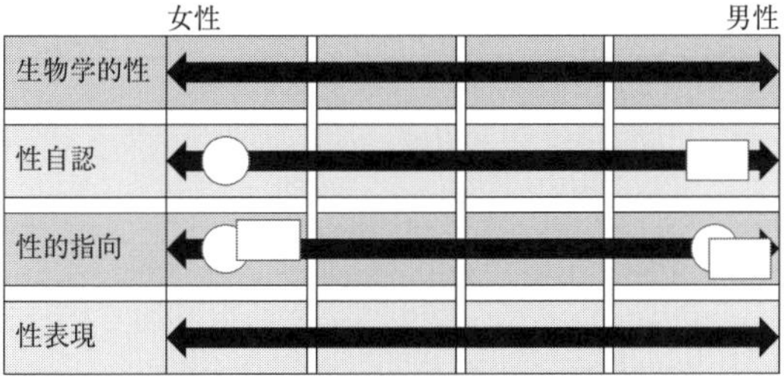

トランスジェンダー：生物学的性と性自認が異なる人

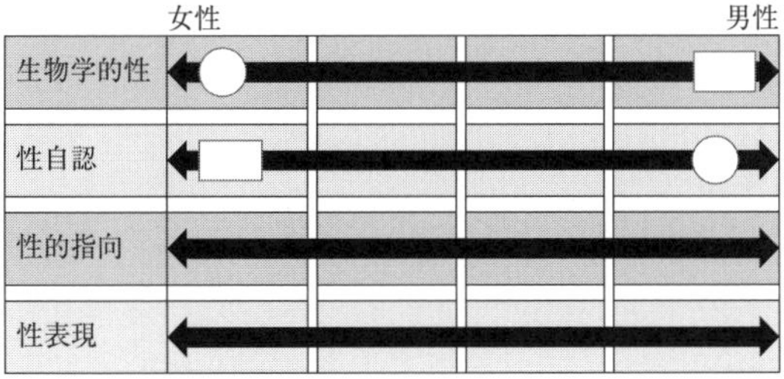

⑸　性同一性障害

生物学的性と性自認とが一致しないために自らの生物学的性別に持続的な違和感を持つなどの状態を指す医学的な疾患名。性同一性障害者の性別の取扱いの特例に関する法律２条では，「性同一性障害者」とは，「生物学的には性別が明らかであるにもかかわらず，心理的にはそれとは別の性別（以下「他の性別」という。）であるとの持続的な確信を持ち，かつ，自己を身体的及び社会的に他の性別に適合させようとする意思を有する者であって，そのことについてその診断を的確に行うために必要な知識及び経験を有する２人以上の医師の一般に認められている医学的知見に基づき行う診断が一致しているものをいう。」とされているが，一般的には（このような診断が行われていない場合も含めて）より広い意味で用いられている。なお，後記【３】Ｑ５及びＱ６も参照。

⑹　カミングアウト，クローゼット，アウティング

①　カミングアウト

自らの性的指向や性自認を自らの意思で他者に明らかにすること。

②　クローゼット

カミングアウトをしていない人又はそのような状態。

③　アウティング

当事者の了解を得ずに，本人が公にしていない性的指向や性自認に関する情報について暴露すること。クローゼットの当事者はアウティングを非常に恐れている。アウティングをされた当事者が退職や退学をしたり，最悪の場合，自殺するケースもある。

⑺ アライ

LGBT を理解し，支援する人のこと。現在，多くの企業や自治体において，レインボーカラーのステッカーやフラッグを配布し，各個人がアライであることを表明することを促進する取り組みが行われている。

［３］ LGBT に関するＱ＆Ａ

Ｑ１	同性愛とトランスジェンダーとでは何が違うのか。

Ａ　同性愛は性的指向（誰を好きになるか）についての，トランスジェンダーは性自認（自分の性別をどのように考えているか）についての概念であり，別個に考える必要がある。例えば，ゲイは恋愛対象（性的指向）が男性であるが，性自認はあくまでも男性であり，女性になりたいわけではない。また，MtF トランスジェンダーは性自認が女性であるものの，恋愛対象（性的指向）は男性である場合もあれば，女性である場合もある。

性的指向は目に見えないものであるのに対して，性自認もそれ自体としてはもちろん目に見えないが，性表現（前記［２］⑵参照）を伴うと，例えば，生物学的性が男性の者が，自認する性別に従って女性の服装をする等，可視化されることがある。この点は，LGBT をめぐる問題に対応する際にも問題の現れ方の違いをもたらすので，性的指向と性自認の区別は重要である。

Q 2	同性愛は病気なのか。

A 病気ではない。従来，同性愛は性的「嗜好」(趣味) だと誤解されてきたが，異性愛の人が異性を好きになるのと同じように，同性を好きになる人がいるのであり，当たり前のことだと理解しなければならない。同性愛者はいつの時代にも，どの地域にも存在する。

Q 3	性自認や性的指向は一時的なものであって，変えられるものではないのか。大人になれば変わるものではないのか。

A 変わることもあるが変わらないこともある。いずれにしても自分の意思や外部からの働きかけによって「変えられるもの」ものではない。

Q 4	同性愛者はいわゆる「好き者」，「変態」ではないのか。

A 「好き者」，「変態」ではない。単に現在の性愛の対象が同性に向いているだけであって，本気で好きになった人と交際したい，結婚したい，生涯添い遂げたいという気持ちは異性愛者の人たちと何も変わらない。

Q 5	トランスジェンダーは病気なのか（トランスジェンダーはみな性同一性障害なのか)。

A トランスジェンダーは必ずしも病気ではない。生物学的性と性自認が一致していないトランスジェンダーは，普段の生活のいろ

いろな場面で生物学的性に基づいて扱われることにより，精神的な苦しさを感じることがある。そのような苦しさを少しでも軽くするために治療が必要なことがあり，「性同一性障害」と診断がされる場合がある。もっとも，トランスジェンダーのすべての人が性同一性障害にあてはまるわけではない。

Ｑ６	性同一性障害は，国際的にも疾患とされているのか。

Ａ　2013年に米国精神医学会が発行したDSM－５（精神疾患の診断・統計マニュアル，世界中の医療関係者が診断の基準とする）では，「性同一性障害」という疾患名はなくなり，「性別違和」（GD：Gender Dysphoria）に変更されている。また，2018年６月18日にWHOが発表したICD11（世界保健総会における採択を経て2022年１月１日に発効する見込み）において，「性同一性障害」が「精神疾患」から外れて「性別不合」（Gender Incongruence）の項目となっている。国際的には，性同一性障害を疾患としてとらえない傾向にあるということができる。

Ｑ７	性自認が生物学的性と異なっているのに，性別適合手術を受けないトランスジェンダーがいるのはなぜか。

Ａ　身体的性別と自認する性別との間の違和感の程度や違和感への対処の仕方は個人によって様々であり，性別適合手術を望まずホルモン療法のみで対処する人や，ホルモン療法も行わずに外見の工夫で対処する人もいる。また，性別適合手術は，多額の費用を要するだけでなく，生殖能力を永久的に失わせる外科的手術であって，身体に重大な変更を及ぼし，健康面に大きな負担をかけるものであり，トランスジェンダーのすべてがこのような手術を望むわけではない。近

年，性別適合手術は保険適用になったが，大半の患者は手術前に保険外の自由診療であるホルモン療法を受ける必要があって，その結果，保険診療と自由診療との混合診療とみなされ，全額保険適用を受けられないという事態が多く発生している。

Q 8	なぜ LGBT の人たちはカミングアウトをしないのか。何が障壁になっているのか。

A 人によって理由は様々であるが，LGBT に対する理解が進んでおらず，偏見や差別が根強く残る現状においては，カミングアウトすることにより自分も私生活や仕事において不利益を被るのではないか，という不安が原因となっている場合があると考えられる。しかし，カミングアウトがないから配慮しなくていい，ということではない。カミングアウトがあってもなくても，身近に LGBT の人たちが存在している，という観点を忘れてはならない。

Q 9	LGBT の人権概念は，どのように確立されてきたのか。

A 国際的には，主に宗教上の理由から同性愛を異常とする強い差別意識が歴史的に存在し，刑事罰をもって同性愛行為を禁止する法律（ソドミー法）を規定している国が多く存在した。こうした法律について，1980年代にヨーロッパ人権裁判所がヨーロッパ人権条約違反と判断し，1994年に国連人権規約委員会が人権侵害であると判断したことをきっかけに，欧米等ではソドミー法が廃止されている（一方で，イスラム教国等では未だにソドミー法が存在している）。

その後，2006年には「ジョグジャカルタ原則（性的指向及び性自認に関する国際人権法の適用に関する原則）」*3が作成され，政府等がセクシュアルマイノリティに対する人権侵害を防ぐべくどのように取り組むべきかという指針が示された（第２部第２章【４】(4)参照）ほか，2011年には国連人権理事会において「人権と性的指向・性自認」に関する決議が採択され*4，「性的指向及びジェンダー同一性を理由として個人に対して行われる暴力と差別のすべての行為に重大な懸念を表明」した。

日本では，次のＱ10で触れる「性同一性障害の性別の取扱いの特例に関する法律」のほかに，LGBT を想定している法律は現時点では存在しないものの，男女雇用機会均等法11条１項に基づく「事業主が職場における性的な言動に起因する問題に関して雇用管理上講ずべき措置等についての指針」（平成18年厚生労働省告示第615号）において，「セクシュアルハラスメントには同性に対するものも含まれるものである。」「被害を受けた者の性的指向又は性自認にかかわらず，当該者に対する職場におけるセクシュアルハラスメントも，本指針の対象となるものである。」と記載されており，LGBT を想定した規定となっている。「人事院規則10−10（セクシュアル・ハラスメントの防止等）の運用について」では，セクシュアルハラスメントとなる「性的な言動」には，性的指向若しくは性自認に関する偏見に基づく言動も含まれることや，性的指向や性自認をからかいやいじめの対象とすることもセクシュアルハラスメントであること等が明記されている。さらに，労働施策総合推進法（いわゆるパワハラ関連法）30条の２第３項に基づく「事業主が職場における優越的な関係を背景とした言動に起因する問題に関して雇用管理上講ずべき措置等についての指針」（令和２年厚生労働省告示第５号）において，性的指向・性自認に関する侮辱的な発言や，労働者の性的指向・性自認などの機微な個人情報について，当該労働者

＊３　http://yogyakartaprinciples.org/wp-content/uploads/2016/08/principles_en.pdf
2017年の更新については，http://yogyakartaprinciples.org/wp-content/uploads/2017/11/A5_yogyakartaWEB-2.pdf 参照。

＊４　http://www.unic.or.jp/files/a_hrc_res_17_19.pdf

の了解を得ずに他の労働者に暴露することをパワーハラスメントに該当すると考えられる例に挙げている。このように法律レベルではないが，性的指向・性自認について定める国のルールはすでに存在している。第2部第2章［1］参照。

地方自治体レベルではパートナーシップ証明制度の導入等，LGBTの権利擁護に向けた取り組みが近年飛躍的に進んでいる（第2部第2章［3］参照）。

Q10　「性同一性障害の性別の取扱いの特例に関する法律」（特例法）は，どのようなことを定めているのか。特例法における，性別の取扱いを変更するための要件はどのようなものか。

A　特例法は，性同一性障害者のうち同法の要件を満たす者について，家庭裁判所が，当該性同一性障害者で一定の要件を満たす者からの請求により，性別の取扱いの変更の審判をすることができる旨を定めている。

性別の取扱いを変更するための要件は以下のとおりであるが（特例法3条1項），厳格すぎるとの批判もある。もっとも，次の④の要件の合憲性について，最高裁判所は憲法違反ではないと判断した＊5。

①　20歳以上であること

②　現に婚姻をしていないこと

③　現に未成年の子がいないこと

④　生殖腺がないこと又は生殖腺の機能を永続的に欠く状態にあること

⑤　その身体について他の性別に係る身体の性器に係る部分に近似する外観を備えていること

＊5　最〔2小〕決平成31年1月23日判タ1463号74頁。

Q11　同性婚は日本でどのように扱われているのか。

A　現在の法制度の下では，同性同士の法律婚は認められていない。したがって，同性カップルは法律婚に定められた法的保護を受けることができず，多くの不利益を被っている。

これに対し，2019年より，同性同士の法律婚が認められないことが憲法違反であると主張する訴訟が全国５ヵ所の地方裁判所において始まり，2021年３月17日，札幌地裁は，「本件規定（民法及び戸籍法の婚姻に関する諸規定）が，異性愛者に対しては，婚姻によって生じる法的効果の一部ですらもこれを享受する法的手段を提供しないとしていることは，立法府が広範な立法裁量を有することを前提としても，その裁量権の範囲を超えたものであるといわざるを得ず，本件区別取扱いは，その限度で合理的根拠を欠く差別取扱いに当たると解さざるを得ない。したがって，本件規定は，上記の限度で憲法14条１項に違反すると認めるのが相当である。」と判示した*6。

また，異性同士でも「事実婚」という形が存在し，一定の法的保護が認められていることから，同性カップルにも事実婚が認められるのかどうかという点が問題となっていた。

レズビアンカップルの一方の不貞行為が問題となり，２人の関係が事実婚といえるかどうか，「内縁」としての保護を受けるかどうかが争点となった事件において，2019年９月18日，宇都宮地裁真岡支部は，「憲法24条１項は……およそ同性婚を否定する趣旨とまでは解されない」と述べた上で，「同性のカップルであっても，その実態を見て内縁関係と同視できる生活関係にあるものと認められるものについては，それぞれに内縁関係に準じた法的保護に値する利益が認めら

＊６　札幌地判令和２年３月17日（平成31年（ワ）第626号）裁判所ウェブサイト。

れ，不法行為上の保護を受け得ると解するのが相当である」と判示した*7。その後控訴審では，7年にわたる同居，挙式，及び子育てを準備していた事実から「他人同士が生活を共にする単なる同居ではなく，同性同士であるために法律上の婚姻の届出はできないものの，できる限り社会観念上夫婦と同様であると認められる関係を形成しようとしていたものであ」るとし，両当事者の関係を「婚姻に準ずる関係」と認めた*8。2021年3月17日，最高裁第二小法廷は上告を棄却し，本件は確定した。

他方で，同性のパートナーを殺害された名古屋市在住の遺族の男性が「配偶者」として犯罪被害者給付金の支給が認められるかが争いとなった事件において，名古屋地裁は「同性間の共同生活が婚姻と同視できるとの社会通念が形成されていることが必要だが，遺族給付金を支給しないと裁定した当時に形成されていたとはいえない」として請求を棄却した*9。

現在の裁判実務はまだ固まっていないものの，札幌地裁判決や最高裁判決に見られるように，同性婚や同性の内縁関係を認める方向に進みつつあるといえる。

Q12	同性婚が認められていないことにより，当事者にはどのような不利益が生じているか。

A　パートナーの法定相続人となることができない，医療現場で家族として扱われない，子どもについて共同親権を行使できない，DVからの法的保護を十分に受けられない等，様々な不利益が生じて

＊7　宇都宮地真岡支判令和元年9月18日（平成30年（ワ）第30号）裁判所ウェブサイト。
＊8　東京高判令和2年3月4日（令和元年（ネ）第4433号）裁判所ウェブサイト。
＊9　名古屋地判令和2年6月4日判時2465・2466号合併号13頁。

いる。2019年２月には，同性カップル13組が，同性婚が認められていないことにより憲法が保障する婚姻の自由が侵害されている等として，東京地裁等において国家賠償請求訴訟を提起しており，今後の動向が注目される。

Q13	地方自治体におけるパートナーシップ証明制度により，どのようなことが可能になるのか。

A　パートナーシップ証明は，法律上の婚姻とは異なり法的効力はないものの，同性カップルが証明書を取得することにより，継続的なパートナー関係にあることを対外的に示すことができるようになる（民間企業の対応も同性カップルに対して理解のあるものに変わっていく実例がすでに多数ある。本稿執筆時点では，証明書の提示により，携帯電話会社が家族割引への申込みを受け付けたり，保険会社が同性パートナーを生命保険の保険金受取人として認める例がある）。

◆

第2章　LGBTに関連する法制度等

［1］　国内における法制度等の概観

LGBTに関する国内法整備は，諸外国と比較すると進んでいない（国内で成立・施行された法律は「性同一性障害の性別の取扱いの特例に関する法律」のみである）。そのため，実際に日本国内でLGBTをめぐる問題が生じた場合には，既存の法律や判例を応用したり（職場で発生したLGBTに対する差別的取扱いやハラスメントが，雇用者の職場環境配慮義務や安全配慮義務違反にあたるか等），次項に列挙した各省庁の通知や指令，条例，諸外国の法令や国際機関の文書等を参考に，理論構成をしたうえで対応することになる。なお，具体的な事例と対応例については第3部で解説する。

［2］　国内法・国内の行政の取り組み等

⑴　性同一性障害の性別の取扱いの特例に関する法律

2003年に成立し，性同一性障害者と診断され，性別適合手術を受けたこと等の一定の要件を充たす者について，戸籍上の性別の変更が認められるようになった（第2部第1章［3］Q10参照）。

⑵　その他立法の動き等

これまで同性婚を認める法律や，「性的指向又は性自認を理由とする差別の解消等の推進に関する法律」，「性的指向及び性同一性に関する国民の理解増進に関する法律」の制定が議論されてきたが，実現には至っていない（2021年５月現在）。なお，Ｇ７国家の中で同性婚を認めていない国は日本のみである。

もっとも，2019年５月，女性の職業生活における活躍の推進に関する法律等の一部を改正する法律案に対する附帯決議が成立し，パワーハラスメント防止対策指針に「職場におけるあらゆる差別をなくすため，性的指向・性自認に関するハラスメント及び性的指向・性自認の望まぬ暴露であるいわゆるアウティングも対象になり得ること，そのためアウティングを念頭においたプライバシー保護を講ずること。」を明記することが求められた。

これを受けて，労働施策総合推進法（いわゆるパワハラ関連法）30条の２第３項に基づく「事業主が職場における優越的な関係を背景とした言動に起因する問題に関して雇用管理上講ずべき措置等についての指針」（令和２年厚生労働省告示第５号）が定められた。同指針は，性的指向・性自認に関する侮辱的な発言や，労働者の性的指向・性自認などの機微な個人情報について，当該労働者の了解を得ずに他の労働者に暴露することをパワーハラスメントに該当すると考えられる例に挙げている（第２部第１章［３］Ｑ９参照）。

⑶　行政の取り組み

⒜　法務省人権擁護審議会「人権救済制度の在り方について」(2001年)

性的指向を理由とする差別的取扱い等が人権救済制度の積極的救済の対象となることが明記されている。

(b) 法務省「人権週間強調事項」

法務省が行う人権週間では，2002年に性的指向を理由とする差別禁止を，2004年に性同一性障害を理由とする差別禁止を差別禁止事項に追記した。

(c) 内閣府「第3次男女共同参画基本計画」(2010年)

同計画は，「男女を問わず性的指向を理由として困難な状況に置かれている場合や性同一性障害者などを有する人々に対し，人権尊重の観点からの配慮が必要である。このため，人権教育・啓発等を進める。」と明記した。

(d) 文部科学省通知「性同一性障害に係る児童生徒に対するきめ細かな対応の実施等について」(2015年)

同通知は，性同一性障害の児童生徒にとどまらず性的マイノリティの児童生徒に対し，心ない言動を慎むことや，子供の服装や髪形について否定したり，からかったりしないよう明記した。また，学校側は原則として児童生徒の事情に応じた対応をすべきとして，複数の教員や教育委員会，医療機関と連携して対応するよう求め，サポートチームの設置などを推奨している。

なお，本通知は全都道府県の教育委員会等に通知されている。

(e)「人事院規則10-10の運用について」の改正 (2016年)

セクシュアルハラスメントとなる「性的な言動」には，性的指向若しくは性自認に関する偏見に基づく言動も含まれることや，性的指向や性自認をからかいやいじめの対象とすることもセクシュアルハラスメントであること等が明記された。

(f)「事業主が職場における性的な言動に起因する問題に関して雇用管理上講ずべき措置等についての指針」（男女雇用機会均等法11条（職場におけるセクシュアルハラスメント対策）の指針）の改正（2016年）

「職場におけるセクシュアルハラスメントには，同性に対するものも含まれる」,「被害を受けた者の性的指向又は性自認にかかわらず，当該者に対する職場におけるセクシュアルハラスメントも，本指針の対象となる」と明記された。

(g) 閣議決定「経済財政運営と改革の基本方針2016」（2016年）

同方針は,「性的指向，性自認に関する正しい理解を促進するとともに，社会全体が多様性を受け入れる　環境づくりを進める。」ことを宣言している。

［３］ 地方自治体の取り組み

(1) はじめに

LGBT に関する地方自治体の取り組みについては，パートナーシップ制度がメディアで大きく取り上げられる等，近年注目を集めている。パートナーシップ制度以外の制度についても各自治体が独自の取り組みを日々推進しているところであり，これらの取り組みは将来的に国の法制度を検討する際の一助にもなると思われる。以下では，地方自治体の取り組みの一部を紹介する。

(2) 性的指向，性自認，性表現を理由とした差別の解消を目的とした条例の策定

多くの自治体が男女平等参画の推進に関する条例を制定していると

ころ，その中で性的指向，性自認，性表現等を理由とした差別の解消に言及する例が増えている。

■具体例■

・東京都「東京都オリンピック憲章にうたわれる人権尊重の理念の実現を目指す条例」

都道府県として初めて，性自認及び性的指向を理由とする差別の禁止を明確に定めた条例を制定した。「都，都民及び事業者は，性自認及び性的指向を理由とする不当な差別的取扱いをしてはならない」（第４条）

・三重県「性の多様性を認め合い，誰もが安心して暮らせる三重県づくり条例」

都道府県として初めて，性自認及び性的指向のカミングアウトの強制，アウティングを禁止する条例を制定した。「何人も，性的指向又は性自認を理由とする不当な差別的取扱いをしてはならず，及び性的指向又は性自認の表明に関して，強制し，禁止し，又は本人の意に反して，正当な理由なく暴露（本人が秘密にしていることを明かすことをいう。）をしてはならない」（第４条）

また，本条例は，事業者の努力義務も規定している。「事業者は，基本理念にのっとり，性の多様性に関する理解を深めるとともに，職場環境及び事業活動において，性の多様性を認め合うことができるよう必要な措置を講ずるよう努めるものとする。２　事業者は，県が実施する性の多様性に関する施策に協力するよう努めるものとする」（第９条），「事業者は，従業員が性の多様性に関する理解を深め，適切な対応ができるよう基本理念を踏まえた必要な研修等を行うよう努めるものとする」（第12条第４項）「事業者は，従業員が性の多様性に関する相談を行うことができるよう適切な対応に努めるものとする」（第14条）

・東京都文京区「男女共同参画推進条例」

「何人も，配偶者からの暴力等，セクシュアル・ハラスメント，性別に起因する差別的な取扱い（性的指向又は性的自認に起因する差別的な取扱いを含む。）その他の性別に起因する人権侵害を行ってはならない。」（第７条第１項）

・東京都国立市「国立市女性と男性及び多様な性の平等参画を推進する条例」

一橋大学法科大学院でのアウティング事件を踏まえて，アウティングの禁止を明示的に規定している。「何人も，性的指向，性自認等の公表に関して，いかなる場合も，強制し，若しくは禁止し，又は本人の意に反して公にしてはならない。」（第８条第２項）

(3) 自治体としてLGBTへの配慮や支援を行うための計画・指針・宣言等

自治体の取り組みとして，条例以外にも，計画・指針・宣言といった形で，当該自治体におけるLGBTへの配慮・支援を行うための方針を示す例が増えている。

■具体例■

・沖縄県那覇市「レインボーなは宣言」

「人がどのような性を生きるか，また，誰を愛し・愛さないかは，すべての人が幸福に生きるために生まれながらにして持っている権利，すなわち人権であり，誰もがその多様な生き方を尊重されなければなりません。那覇市は，市民と協働し，性自認及び性的指向など，性に関するあらゆる差別や偏見をなくし，誰もが安心して暮らせる都市をめざして，ここに『性の多様性を尊重する都市・なは』を宣言します。」

・千葉県千葉市「ちば男女協働参画基本計画・第４次ハーモニープラン」

「本市は，誰もが個人として尊重され，それぞれの能力と個性を十分に発揮し，安心して充実した生活を送ることができるよう，LGBTに関する正しい情報の提供を行っていくとともに，理解促進のための教育や啓発活動を積極的に進めるほか，相談等の支援に取り組んでいきます。」

・東京都文京区

区と事業者との契約書に「本契約の履行に当たっては文京区男女平等参画推進条例及び性自認及び性指向に関する対応指針を踏まえ，性別に起因する差別的な取扱いを行わないもの」との契約文言がある。

⑷　パートナーシップ制度

⒜　パートナーシップ制度とは

現在の法令の下では同性カップルの法律婚が認められておらず，当事者には様々な不利益が生じている。こうした不利益を緩和するため，同性カップルがパートナーシップに関する証明書を取得することにより，継続的なパートナー関係にあることを対外的に示すことができるような制度を複数の自治体が導入している（第2部第1章［**3**］**Q11～Q13**参照）。

2021年1月現在，74の自治体がパートナーシップ制度を導入している。また，現在検討中であることを発表している自治体も多々ある。

⒝　具体例1――東京都渋谷区「渋谷区パートナーシップ証明書」

㈠　制度の概要

渋谷区は，「パートナーシップ」を「男女の婚姻関係と異ならない程度の実質を備える戸籍上の性別が同一である二者間の社会生活関係」と定義し（渋谷区男女平等及び多様性を尊重する社会を推進する条例2条8号），同条例10条に基づいて「パートナーシップ証明」の交付を行っている。

(イ)　パートナーシップ証明取得の要件

パートナーシップ証明取得の要件は，以下のとおりである。

①　渋谷区に居住し，かつ住民登録があること

②　20歳以上であること

③　配偶者がいないこと及び相手方当事者以外のパートナーがいないこと

④　近親者でないこと

(ウ)　証明書交付にあたっての確認事項

証明書交付にあたっては，原則として以下の２つの公正証書を確認・審査する。

①　任意後見契約に係る公正証書

当事者双方が，相互に相手方当事者を任意後見契約に関する法律２条３号に規定する任意後見受任者の１人とする任意後見契約に係る公正証書を作成し，かつ，登記を行っていること。

②　合意契約に係る公正証書

共同生活を営むにあたり，当事者間において，次の事項についての合意契約が公正証書により交わされていること。

・両当事者が愛情と信頼に基づく真摯な関係であること

・両当事者が同居し，共同生活において互いに責任を持って協力し，及び共同生活に必要な費用を分担する義務を負うこと

(c)　具体例２――東京都世田谷区「同性パートナーシップ宣誓」

(ア)　制度の概要

世田谷区は，「世田谷区パートナーシップの宣誓の取扱いに関する要綱」に基づき，同性カップルの気持ちを受け止める取り組みとしてパートナーシップ宣誓の受付を行っている。

(イ)　宣誓の要件

宣誓の要件は，以下のとおりである。

① 2人とも成年であること。

② 2人が区内に在住であること。又は，1人が区内在住で，もう1人が区内への転入を予定していること。若しくは2人とも区内への転入を予定していること。

③ 2人とも他の人と法律上の婚姻関係にないこと。

④ 2人とも他の人とパートナーシップ宣誓をしていないこと。すでに，他者と宣誓したことがある人の場合，その宣誓書の破棄を申し出ていること。

⑤ 2人の関係が直系血族又は三親等内の傍系血族ではないこと。2人の関係が直系血族又は三親等内の傍系血族の間においては，養子縁組によってその関係になった場合で，かつ，養子縁組する前の関係が直系血族でも三親等内の傍系血族の間でもなかった場合については，2人の関係が直系血族又は三親等内の傍系血族の間ではないとみなされる。

(ウ) 宣誓の手続

区に対して事前相談を行った上で，通知された期日に区の指定する場所にて本人確認，要件確認等を行った上で，宣誓を行う。宣誓手続に要する時間はおおむね30分間とされている。

(d) その他の自治体のパートナーシップ制度

上記の渋谷区以外の自治体のパートナーシップ制度は要綱に基づいて導入されている。また，公正証書の確認を求めることなく，簡単なヒアリングを行う例（例えば，沖縄県那覇市の「那覇市パートナーシップ登録証明書」）や，世田谷区のように宣誓書の提出を求める例が多く，制度利用にあたっての当事者の負担の程度も様々であるといえる。

また，2019年7月1日には，茨城県が都道府県として初めて同性パートナーシップ証明制度（「いばらきパートナーシップ宣誓制度」）を開始している。

2021年１月８日には兵庫県明石市が明石市パートナーシップ・ファミリーシップ制度を開始し，初めてカップルだけでなく未成年の子どもも含めた家族の承認，証明がなされるようになり，住民票の続柄も縁故者という記載が認められるようになった。

⑸　その他の取り組み

地方自治体のLGBTに関するその他の取り組みとして，以下のものが挙げられる。

・公営住宅について同性カップルでも家族として入居できるようにする
・行政書類における性別記載欄について，不必要な場合には廃止し，必要な場合にも女性・男性以外の選択肢を設ける
・LGBTに関する専門的な相談窓口を設置する
・地方自治体の施設において「だれでもトイレ」を設置する
・地方自治体の職員を対象として，LGBTに関する研修を実施する

【参考】LGBT 自治体施策提言集（https://regionallgbtpolicy.jp/）

［4］ 諸外国の動向

⑴　差別禁止法

複数の国で一般的な差別禁止法・平等法がある。

EUでは，2000年に「雇用と職場における平等指令」が成立し，雇用現場における性的指向・性自認を理由とした処遇等の差別が禁止され，2004年に「財・サービスへのアクセスと供給における差別禁止指令」が成立した。EU加盟国は指令の成立から２年以内に指令の内容を国内法化する義務があるため，EU加盟国はこれらの指令に沿っ

て，性的指向・性自認を理由とした差別禁止法を持っている。

また，EU 基本権憲章においても「性的指向を理由とした差別を受けない」権利が明記された。

一方米国では，連邦，州，自治体の各レベルで法整備状況が異なるものの，州法や自治体法で性的指向による雇用差別を禁止しているところがある。2020年 6 月，米国連邦最高裁判所が，ゲイ・トランスジェンダーであることを理由とする解雇は公民権法違反であると判断した（本書第 6 部第 2 章参照）。

なお，オバマ政権下の2016年に司法省公民権課及び教育省から，トランスジェンダーの生徒に性自認に基づく男女別施設の使用を認める書簡が発表されたが，トランプ政権への交代に伴い2017年に同書簡が撤回された。しかし，2021年にバイデン大統領はトランスジェンダーの生徒の性自認に基づく男女別施設の利用のほか，性的指向・性自認による差別の撤廃を大統領令によって打ち出した。

⑵ 同 性 婚

2001年にオランダで同性婚が可能になって以降，欧米の主要先進国の大多数が同性婚制度を持っている。同性婚ではなく，登録パートナーシップ制度を持っている国もあり（イタリア，スイス等），同性婚と登録パートナーシップ制度の両方がある国もある（フランス，英国等）。

米国では，かつて一部の州では同性婚が違法とされていたが，2015年，連邦最高裁判所が同性婚を認めない国内の州法を違憲とする決定をし，これにより米国内すべての州で同性婚が合法化された。

2019年 5 月に台湾で，アジアで初めて同性婚制度が導入された。

一方で，同性間の合意に基づく関係性（性的行為や親密な関係）を処罰する国もアフリカ，中東諸国，アジアの一部等に存在している。

⑶　トランスジェンダー

欧米諸国の多くがトランスジェンダーの性別変更を法的に認めており，性別適合手術等の医療介入をせずに性別変更を可能とすることが主流になりつつある。

さらに，多くの国で，性別変更をしていないトランスジェンダーであっても性自認に従って男女別施設を利用できると考えられており，イギリス平等局，カナダ・オンタリオ州人権委員会，スペイン・ヴァレンシア州，ニュージーランド労働局等で性自認に従った施設利用を認めるべきと明文化している（州法，ガイドライン等）。

⑷　国際人権法の動き

2007年，性的指向及び性自認に関して国際人権法がどのように適用されるかをまとめた国際文書「ジョグジャカルタ原則」が公表された。これは，国連特別報告者，国内・地域及び国際的人権委員会のメンバー，前国連人権高等弁務官等によって作成されたもので，性的指向と性自認に関連して国家がとるべき措置を29の原則にまとめたものである（例えば，国家は性的指向及び性自認を理由とした差別の禁止を憲法や他の法律に規定し，公的及び私的領域における性的指向，性自認に基づく差別を撤廃するための立法，その他の措置をとることが要請される等）。

2017年に「ジョグジャカルタ＋10」が採択され，ジョグジャカルタ原則に追加する新たな国家の義務が加えられた（性的指向，性自認，性表現，性的特徴（身体の性）にかかわらず，暴力，差別や他の危害から国家に保護される権利等）。

その他国連の動きについて，2008年，性的指向及び性自認に基づいた人権侵害をなくすよう求める「人権と性的指向と性的自認に関する声明」が国連総会に提出され，日本政府もこの声明に賛同している。さらに2011年，国連人権理事会（UNHRC）は，性的指向と性自認に基づく人権侵害に明確に焦点をあてた初めての決議を採択した。この決議は，人権の普遍性を確認し，性的指向や性自認を理由に人びとが受けている暴力行為や差別に重大な懸念を示している。

日本に関し，国連自由権規約委員会は，2014年，性的指向・性自認による差別を法律で禁止すべきであるといった内容の勧告を行っている。これ以外にも，日本は国連社会権規約委員会や女性差別撤廃委員会等からLGBTに関する法制度の整備が進んでいないことを理由に勧告を受けている。

【参考】性的指向に関する世界地図（2018特定非営利法人虹色ダイバーシティ）（http://nijiirodiversity.jp/wp1/wp-content/uploads/2018/11/181109_marriagemap_web.pdf）

◆

第3部

各　論　編

第1章　採　　用

［1］ 採用の自由

(1) 採用の自由とその制限

従業員の募集方法や採用基準は企業の業績を左右しうる重要な事項であり，どのような募集方法等をとるかは原則として企業の自由であるが，その自由も無制約ではなく法律等による制限に服する＊1。

男女雇用機会均等法５条では，「事業主は，労働者の募集及び採用について，その性別にかかわりなく均等な機会を与えなければならない」と規定されている。また，厚生労働省の告示（労働者に対する性別を理由とする差別の禁止等に関する規定に定める事項に関し，事業主が適切に対処するための指針）では①募集又は採用にあたって，その対象から男女のいずれかを排除する，②募集又は採用にあたって条件を男女で異なるものとする，③採用選考において，能力及び資質の有無等を判断する場合に，その方法や基準について男女で異なる扱いをする，④募集又は採用にあたって男女のいずれかを優先する，⑤求人の内容の説明等募集又は採用に係る情報の提供について，男女で異なる取扱いをするなどといった行為は原則として男女雇用機会均等法５条で禁止されるものであると規定されている。

＊1　三菱樹脂事件：最大判昭和48年２月12日民集27巻11号1536頁。その他最〔１小〕判平成15年12月22日民集57巻11号2335頁。

さらに，厚生労働省「公正な採用選考の基本」には，採用選考にあたっては応募者の基本的人権を尊重すること，応募者の適正・能力のみを基準として行うことの２点を基本的な考え方とし，「LGBT 等性的マイノリティの方（性的指向及び性自認に基づく差別）など特定の人を排除しないことが必要」と明記されている。

事例１　性自認・性的指向を理由とする不採用の可否

応募者Ｂさんの面接の際，Ｂさんからトランスジェンダーであることを告白されたのですが，当社ではトランスジェンダーの人を採用した前例がなく，他の従業員の混乱を招くかもしれないため，採用を控えたほうがよいと考えています。これについて，何か問題はありますか。

回　答

採用は，法律上の制約がない限り，企業の広範な自由に属している。したがって，本事例でも採用の自由に属するといえる。しかしながら，トランスジェンダーであることを理由とする不採用は，性別に着目した採用差別という側面があることは否めない。他の従業員の混乱を避けるといった理由が示されているが，当該混乱は抽象的懸念にすぎないと思われ，それを回避するために従業員にセクシャルマイノリティに関する教育等を行うなどの配慮を行わないまま，トランスジェンダーが入社した場合の混乱の懸念を不採用の理由とすることはやはり合理的なものではない（採用選考に関する事案ではないが，トランスジェンダーであることを理由としてゴルフクラブへの入会を拒否したことを違法とした浜名湖カントリークラブ事件判決がある＊2)）。不採用とすることによって，当該判例に照らして不法行為に基づく損害賠償責任（慰謝料）を負うリスクがあるといわなければならない。

＊２　静岡地浜松支判平成26年９月８日判時2243号67頁，東京高判平成27年７月１日（平成26年（ネ）第5258号）。

(2) 募集方法の自由とその限界（履歴書の性別記載欄）

通常，応募者は企業にエントリーシートや履歴書を提出することが必須であり，規格の履歴書及び多くの企業のエントリーシートには「男・女」の性別欄が設けられていた。他方で，求職活動中のトランスジェンダーの中には，戸籍上の性別の変更をしていない者が多い。そして，求職活動中に自身がトランスジェンダーであることをカミングアウトする人もいれば，しない人もいる。いずれにせよ，多くのトランスジェンダーにとって，履歴書等の性別欄にどのように記載するのかについて，以下のような戸惑いを感じているのが現状である。

・戸籍上の性別に◯をすること→自認する性別が自身の性別であるから，そもそもチェックしたくない。

・自認する性に◯をすること→会社に嘘を言っているようで不安。また，面接時にカミングアウトをしない場合，入社後の社会保険等の手続で戸籍上の性別が判明する可能性があるため，履歴書への虚偽記載を理由として会社とトラブルになるのが不安（例えば，虚偽記載をもって解雇になるのではないか等）。

上記のような戸惑いから，トランスジェンダーの人がエントリーシートに「男・女」の性別欄を設ける企業への応募を控えることもありうる。企業としては，優秀な人材を獲得するためにも，このような事態は避けたいところである。

この点，2019年に労働者支援を行うNPO法人が履歴書の規格を公表している日本規格協会及び所管の経済産業省に履歴書の「様式例」から性別欄の削除を求めて署名を提出した。そして，2020年７月には同協会は様式例から性別欄を削除し，同年12月には「コクヨ」が性別欄を削除した履歴書の新商品を販売し始めた。企業としてはこういった新様式の履歴書を使用することを推奨することが望ましい。

事例2 エントリーシート・履歴書の性別欄の記載に関する問題

面接前，応募者Aさんのエントリーシートの性別欄は空欄のままとなっており，性別欄のない履歴書が提出されました。そして，面接の際，Aさんからは，自身がトランスジェンダーであることが告白されました。Aさんとしては，エントリーシートの性別欄の記載に戸惑ったため空欄にし，履歴書も性別欄がないものをネットでダウンロードして利用したとのことでした。

エントリーシートや履歴書について，今後どのような配慮をすべきなのでしょうか。

回 答

エントリーシートについては，応募者の中にトランスジェンダーの人が一定数いると想定し（第1部第1章参照），危険物を取り扱う業務である等採用時に性別が重要な要素になる場合を除き，企業としてはそもそも性別欄を作らないのが望ましい。性別欄を設けるとしても，「男・女・回答しない」といった選択肢を記載するか，又は，選択肢は作らず応募者の自由記載とするのがよい。なお，「男・女・その他」といった性別欄を設ける実例があるが，「その他」という表現に傷つく人もいるため，このような性別欄を設けるべきではないと考える。また，性別欄を設ける場合には，応募要項等にて，採用に際しては応募者の性自認にかかわらず公正に判断して採用するなどといった記載をするのがよい。

さらに，ウェブ上の応募フォームについては，男女の性別欄が設けられ，応募者は性別の選択をしないと応募できないものがあるが，性別の選択を必須とすべきではなく，その選択をしなくとも応募ができるようにするのがよい。

他方，履歴書については，応募者の多くが規格の履歴書（性別欄あり）を利用しているが，上記性別欄がない書式を配布したり，又は，応募要項等において性別欄がない等どのような書式を利用してもよい旨の注意書きをするのがよい。

(3)　調査の自由とその限界

企業には上記のとおり採用の自由があり，企業は採否の判断のため応募者に対し調査する自由が保障されている（前掲＊1の三菱樹脂事件)。しかし，これも無制約ではない。

性自認又は性的指向に関する情報は，みだりに公開されたくない事項であり，プライバシーに関するものといえ，とりわけ当該個人の尊厳と密接に関わる。また，そもそも性自認又は性的指向は，通常，仕事の適性や能力に関するものではないため，企業が採否の判断のために必要な情報とはいえない。特に，面接の場では面接官と応募者が優劣の関係に立ちやすく，面接官からの興味本位の性自認等に関する質問がなされれば，応募者はその回答を強いられる可能性が高まる。

そのため，面接における性自認又は性的指向に関する質問は，基本的に応募者のプライバシーを侵害するものとして違法となるリスクが高い（この点，業務に照らし応募者の能力や適性の判断に必要がないのに，企業が応募者に同意なくＢ型肝炎ウイルスの検査を行ったことが，プライバシーの侵害にあたり違法であるとした判決＊3が参考となる)。

また，上記に関し，職業安定法48条，同法５条の４，同指針第四の一㈠は，企業は，「人種，民族，社会的身分，門地，本籍，出生地その他社会的差別の原因となるおそれのある事項」については，特別な職業上の必要性が存在することその他業務の目的の達成に必要不可欠であって，収集目的を示して本人から収集する場合にのみ，応募者に質問することができると規定している。

事例３　**性自認・性的指向についての面接での質問の可否**

面接の際，応募者がLGBTであるかもしれないと気づいたとき，そ

＊3　東京地判平成15年６月20日労判854号５頁。

の応募者に性自認又は性的指向を質問することに問題はありますか。

回　答

面接で性自認又は性的指向に関する質問をすることは，控えるべきである。それを質問することは応募者のプライバシーを侵害するものとして違法となる可能性がある。

(4)　応募者のプライバシー情報の共有の可否

性自認及び性的指向に関する情報は，上記のとおりプライバシーに関する事項であるため，本人の同意がないのに社内でその情報を共有することは，アウティングによるプライバシー侵害となり違法の評価を受ける（第２部第１章［**2**］(6)及び第３部第４章［**3**］参照）。この点，院内の１人の看護師がHIVに罹患しているとの情報を入手した医師等が，看護師本人の同意なく他の職員に情報共有したことがプライバシー侵害にあたり違法であるとした判例*4が参考になる。

また，入社後の社会保険等の手続の提出書類により，その担当部署の従業員には本人の戸籍上の性別を知られる可能性が高い。そのため，本人にはその旨を事前にきちんと説明しておく必要がある。その上で，社内でどの範囲で情報共有をしてよいのかの確認や直属の上司には知らせておきたい等の本人の希望の聴取を行う必要がある。また，それと併せて，情報共有を受ける従業員にはアウティングをするといかなる法的問題が生じるのか等の教育を徹底しなくてはならない。

この点，楽天株式会社では，全従業員及び直属の上司が閲覧できる人事情報システムにおいて性別の掲載を一切しておらず，性別については人事担当者のみが把握できるような工夫がされており参考になる。

＊４　福岡高判平成27年１月29日判時2251号57頁。

事例4　**性自認に関する情報の共有の可否**

面接時に，応募者のAさん自らがトランスジェンダーであることを告白してきました。当社はこれまでトランスジェンダーの人を採用した前例がないため，他の従業員に意見を求めるためにAさんがトランスジェンダーであるという情報を社内で共有することを考えています。この情報共有に問題はありますか。

回　答

本人の同意がないのにAさんがトランスジェンダーであることの情報共有をすることはプライバシー侵害（アウティング）となり違法である。Aさんには上記のとおり一定の従業員には知られる可能性があることを伝え，情報共有をしてよい人的範囲についてよく話し合って了解をとり，それと併せて，情報を共有する他の従業員がアウティングをしないよう社内教育を徹底すべきである。また，企業としては，事例のように応募者からトランスジェンダーであることをカミングアウトされた場合を想定し，情報共有範囲を事前に決めておく等，面接時のマニュアルを作成することも必要と考える。

なお，［**事例3**］のように，面接官において応募者がトランスジェンダーであるかもしれないと気づいた場合に，他の従業員にその旨を伝えることも違法であることはいうまでもない。この場合は，その応募者の性自認等に関する情報が誤情報の可能性があり，より一層応募者のプライバシーを侵害することになる。

［2］ 労働条件（男女別制服等労働者の服装）の制約について

この点，使用者が事業の円滑な遂行上必要かつ合理的な範囲内で，労働者の身だしなみに対して一定の制約を加えることは，例えば，労働災害防止のため作業服やヘルメットの着用を義務づけたり，企業としてのイメージや信用を維持するために直接に顧客や取引先との関係を持つ労働者に服装や髪型等の身だしなみを制限するなどの場合がありうるところである。ただし，労働者の服装や髪型等の身だしなみは，もともと労働者個人が自己の外観をいかに表現するかという労働者の個人的自由に属する事柄であり，また髪型やひげに関する服務中の規律は，勤務関係又は労働契約の拘束を離れた私生活にも及びうるものであることから，そのような服務規律は，事業遂行上の必要性が認められ，その具体的な制限の内容が，労働者の利益や自由を過度に侵害しない合理的な内容の限度で拘束力を認められるというべきである＊[5]。

事例5　性自認に従った制服着用の求めへの対応

弊社では男女別の制服がありますが，採用面接の際に，「私は見た目の性別とは違う男性の（あるいは女性の）制服を着用したいです。」という申出がありました。このような申出があった場合，会社としては「それはできません。」と回答しても問題ないのでしょうか。

回　答

男性には男性用の制服，女性には女性用の制服と硬直的に考えるのではなく，原則として被用者の「個人的自由に属する事柄」であるとする裁判例があることを前提に，希望者に対して希望する制服の着用を認めることも検討されてよい（第３部第５章［**3**］の［**事例１**］参照）。一切の検討を行わずに，単にそれはできないとする回答は望ましくない。

＊５　神戸地判平成22年３月26日労判1006号49頁。

[3]　採用内定

(1)　内定取消しの許否基準

まず，使用者には採用に関する裁量があるとはいえ，一旦採用内定を出した場合には当該被用者との間で労働契約が成立したと判断される場合が多い。採用内定は始期付留保解約権付労働契約と解されており，採用内定取消しの可否は会社に留保された解約権行使の許否と捉えられる。この点，大日本印刷事件*6では，「企業の留保解約権に基づく大学卒業予定者の採用内定の取消事由は，採用内定当時知ることができず，また，知ることが期待できないような事実であつて，これを理由として採用内定を取り消すことが解約権留保の趣旨，目的に照らして客観的に合理的と認められ，社会通念上相当として是認することができるものに限られる。」とされている。

(2)　内定取消しと性自認等の不告知

この点，性自認等に関する事実が「採用内定当時知ることができず，また，知ることが期待できないような事実」にあたるか問題となる。確かに，性自認に関する事実は，被用者本人が採用内定当時に自己申告することが絶対に不可能と捉えれば，本人の申告がない場合に「採用内定当時知ることができず，また，知ることが期待できないような事実」に該当するかにも思われる。しかし，このように解釈することは，被用者本人に使用者に対して性自認を申告する義務があるかのような解釈となり，妥当ではない。性自認に関する情報はプライバシー情報の中でも本人の尊厳と結びつき本人のコントロールに委ねるべき事実であるから，本人に告知義務を課すべきではない。そうだと

＊6　最〔2小〕判昭和54年7月20日民集33巻5号582頁。

すると，そもそも「採用内定当時知ることができず，また，知ることが期待できないような事実」が想定していない事実であると捉えるべきであろう。すなわち，使用者の側から捉えると，被用者の性自認等のプライバシー情報は，業務上の必要性や業務遂行能力の判断に何らの関連がなく，知ることを期待してはいけない事実と考えるのが妥当だといえる。次に，性自認等に関する情報に基づいて採用内定を取り消すことが「解約権留保の趣旨，目的に照らして客観的に合理的と認められ，社会通念上相当として是認することができる」といえるかどうか問題となるが，性自認等に関する情報を秘匿していたとしても労働能力に影響はなく，このような事実に基づく採用内定取消しは認められないと解するべきである。

(3)　経歴詐称と採用取消し

この点，多くの会社の就業規則では経歴詐称が懲戒事由とされているであろう。しかし，性自認等に関する情報が「経歴」に該当するか検討してみると，「経歴」に該当する事実として検討されているものは学歴，職歴，逮捕・起訴・犯罪歴等である*7。これらの裁判例においても，学歴や職歴の詐称が「重要な経歴を偽った場合」に該当したと判断された場合にのみ解雇が有効とされており，基本的には逮捕・起訴・犯罪歴については使用者に対する告知義務はないとされている。学歴や職歴は後天的に身につけるものであって第三者が当該情報の正否につき判断可能な情報で，使用者が被用者の採否を判断する際

＊7　最〔1小〕判平成3年9月19日労経速1443号27頁〔炭研精工事件〕，浦和地川越支決平成6年11月10日労判666号28頁〔正興産業事件〕，東京高判昭和56年11月25日判時1035号126頁〔日本鋼管鶴見造船所事件〕，大阪地決平成6年9月16日労判662号67頁〔近藤化学工業事件〕，福岡高判昭和55年1月17日判時965号111頁〔西日本アルミニウム工業事件〕，名古屋地決平成5年5月20日判タ826号228頁〔中部共石油事件〕，東京地判平成16年12月17日労判889号52頁〔グラバス事件〕，東京地判平成22年11月10日労判1019号13頁〔メッセ事件〕，福岡地判昭和49年8月15日判時758号34頁〔西日本経緯保障事件〕，仙台地判昭和60年9月19日判時1169号34頁〔丸屋タクシー事件〕など。

に重要な情報といえよう。しかし，性自認等に関する情報は，プライバシーのうちでも当該個人の尊厳と密接に関わる部分であるうえ，採否の判断に重要な情報ともいえない。また，第三者が正否を判断できる情報でもない。したがって，性自認に関する情報は「経歴」には該当しないと考えるべきである。

事例6　トランスジェンダーであることを理由とする内定取消しの可否

採用内定をした者がトランスジェンダーであることをカミングアウトし，自認する性に基づいた服装で勤務したいという申出がありました。その者についてトランスジェンダーであることを理由として内定取消しをすることはできますか。このような性自認等に関する情報を偽っていたことは経歴詐称にはあたらないのでしょうか。

回　答

以上より，性自認等に関する情報を偽っていたとしても経歴詐称には該当せず，こういった事情に基づく採用内定取消しは認められない。そのため，トランスジェンダーであることを理由に採用内定取消しをした場合には，地位確認又は損害賠償の請求を受けるリスクがある。

◆

第２章　人事異動——配転命令

[１]　配転命令権と範囲・限界

使用者は，人事権の１つとして労働者に対して配転命令権を行使することができる。配転とは，従業員の配置の変更であって，職務内容又は勤務場所が相当の長期間にわたって変更されるものをいう*[1]。多くの企業において就業規則に，例えば「会社は，業務の都合により，出張，配置転換，転勤を命じることがある。従業員は，正当な理由なくこれを拒んではならない」などの定めが置かれている。配転命令権はこうした就業規則その他の労働契約に基礎づけられる。

ある配転命令が使用者の有する配転命令権の範囲内にあるか否かについては，次のように考えられている。まず労働契約上の制限として，職種・職務内容や勤務地が限定されている場合には，それに拘束される。そのような個別の合意がない場合であっても，配転命令が権利濫用と評価される場合，この配転命令は無効となる。

このことを示した東亜ペイント事件*[2]は，業務上の必要性が存しない場合又は業務上の必要性が存する場合であっても配転命令が他の不当な動機・目的をもってなされたものであるとき，若しくは労働者に対し通常甘受すべき程度を著しく超える不利益を負わせるものであるときなど，特段の事情が存する場合には配転命令が権利濫用となると

＊1　菅野和夫『労働法〔第12版〕』727頁。
＊2　最〔２小〕判昭和61年７月14日労判477号６頁。

している。

［２］ 判例法理の説明

⑴ 業務上の必要性

転勤を伴う配転命令における業務上の必要性については，判例上，転勤先への異動が余人をもっては容易に替え難いといった高度の必要性に限定することは相当でなく，労働力の適正配置，業務の能率増進，労働者の能力開発，勤務意欲の高揚，業務運営の円滑化など企業の合理的運営に寄与する点が認められる限りは，業務上の必要性の存在を肯定すべきである（前掲＊２・東亜ペイント事件）とされており，比較的に緩やかに解されている（転勤を伴わない場合においても同じように，高度の必要性に限定されるものではないと考えられる）。

このように業務上の必要性は認められやすい傾向にある。

⑵ 不当な動機・目的

不当な動機・目的について，前掲・東亜ペイント事件は具体的に判示していないが，裁判例としては，退職勧奨を拒否したものに対する嫌がらせとしての配転命令（フジシール事件＊3），会社の方針に対して批判的な姿勢を取るものに対する配転命令（朝日火災海上保険（木更津営業所）事件＊4）について，不当な動機・目的が認定されている。

不当な動機・目的のうちでも，強行法規違反の配転命令（不当労働行為（労組７条），差別的取扱い（労基３条），男女差別（雇均６条），不利益取扱い（公益通報者保護法５条）など）にあたる場合は，権利濫用の検討を経るまでもなく無効となるとされている＊5。

＊３　大阪地判平成12年８月28日労判793号13頁。
＊４　東京地判平成４年６月23日判時1439号151頁。

(3) 通常甘受すべき程度を著しく超える不利益

前掲＊2・東亜ペイント事件では，神戸営業所において主任として勤務する労働者に対して名古屋営業所の主任の後任者として転勤を命じたが，業務上の必要性を認めた上で，当該労働者が，母・妻・長女と別居して単身赴任を余儀なくされることについて，当該家庭生活上の不利益は，転勤に伴い通常甘受すべき程度のものであるとされた（ほかに，最高裁判例として帝国臓器製薬（単身赴任）事件＊[6]，ケンウッド事件＊[7]）。一方で，当該不利益を肯定した裁判例として，妻が共働きかつ重度のアトピー性皮膚炎のために週2回の通院を要する子がいる状況下での転勤命令については，通常甘受すべき程度を著しく超える不利益が生ずると判断されている（明治図書出版事件＊[8]）。

また，転勤に伴って労働者が被る不利益としては，家庭生活上の不利益にとどまらず，職業上の不利益がある。例えば，情報システム専門職のキャリアとして入社した者に対し倉庫係に配転した事案につき，職種限定の合意が成立していないとしても，経歴，専門職として中途採用されたこと，情報システム関連業務についてはジョブローテーションが想定されていないことなどの事情から，その技術をおよそ生かすことのできない配転であるとして配転命令権を濫用するものと判断した裁判例がある（エルメスジャポン事件＊[9]）。

(4) そ の 他

解雇の事案であるが，性同一性障害をもつ生物学的性が男性の労働者が女性の服装で出社したこと等を理由に解雇された事案において，

＊5　佐々木宗啓ほか編著『類型別労働関係訴訟の実務』215頁〔堀田秀一〕。
＊6　最〔2小〕判平成11年9月17日労判768号16頁。
＊7　最〔3小〕判平成12年1月28日労判774号7頁。
＊8　東京地決平成14年12月27日労判861号69頁。
＊9　東京地判平成22年2月8日労経速2067号21頁。

裁判例（S社事件＊10）は，他の社員が抱く嫌悪感は，会社が理解を図ろうとすれば解消できること，取引先や顧客が抱くおそれのある嫌悪感についてはそれによる業務遂行上の支障を来たすおそれがあるとまでは認められないこと等を理由に，解雇権の濫用であると判断している。

［3］ 事例による検討

以上の配転法理に則して，従業員がLGBTであることに起因して生じうる具体的事例について検討する。

事例1　社内に起因する配置転換

Aは同性愛者であり，当社（Y社）の広報部に配属されています。Aの同僚であるZらは，「Aが同性愛者であることが気になり仕事に集中できない。このままだと業務に支障を来たすことになるため，Aを他の部署に異動してほしい。」と訴えています。
当社（Y社）はどのような点を検討して対応すべきでしょうか。

回　答

当該事案では，Zらが，Aが同性愛者であることの一事をもって仕事に集中できない，と申し出ていることに基づき，Aを配転することについて業務上の必要性が肯定されるかどうかがまず問題になる。前掲＊2・東亜ペイント事件は，労働力の適正配置，業務の能率増進，労働者の能力開発，勤務意欲の高揚，業務運営の円滑化など企業の合理的運営に寄与する点が認められる限りは，業務上の必要性の存在を肯定すべきであるとする以上，「Zら」の能率，勤務意欲を高め，業務運営を円滑化するという側面からだけ見れば，業務上の必要性は一概に否定できない

＊10　東京地決平成14年6月20日労判830号13頁。

という考え方もあろう。しかし，他方において，「A」抜きの「Zら」だけの能率，勤務意欲，業務運営だけを考えてよいかといえば，やはり企業の実務としては偏頗的な判断であるといわなければなるまい。すなわち，当該職場において「A」と「Zら」のチームとしての業務遂行がなされており，「A」について何らの業務上の落ち度もないにもかかわらず，「A」さえいなくなれば，職場の能率，勤務意欲，業務運営がアップするというのは論証に苦しむところである。また，最高裁が掲げる要素の中でも「A」の能力開発という点では，当人のこれまでのキャリアを損ねる側面があるのも見逃せない。全体としてみれば，Zらの申出によるAの異動に関する業務上の必要性は軽々に肯定すべきものではないと考える。

仮に業務上の必要性が肯定されるとしても，Aのキャリア変更や異動による経済的・精神的負担等をも考慮した上で，当該配転がAに対して通常甘受すべき程度を著しく超える職業上の不利益を課するものでないかどうかを検討しなければならない。

予防法務的な見地からすれば，Zらからの申出がなされる背景として，Y社が，セクシュアルマイノリティに関する啓蒙活動等を含めた，LGBTに対する不当な差別の撲滅に関する企業努力を一切怠っているとすれば，そのような事情も前掲＊2・東亜ペイント事件における「特段の事情」として考慮されるおそれがあることも検討しなければなるまい。加えて，Y社としては，Aが同性愛者であることの一事をもって，業務に支障を来たすというZらの主張に則り，Aを異動させるのであれば，Y社自身がLGBTに対する不当な差別に加担しているとしてAから損害賠償請求を受けるリスクもある。

これらを踏まえれば，Zらの申出に基づいて，Aを異動させることには慎重になるべきと思われる（むしろ，真実，Aが同性愛者であるというだけでZらにおいて仕事に集中できないというのであれば，Zらを異動させることが検討されてもよい）。

また，改めて，Zらを含む社内に対し，事業主が職場における性的な言動に起因する問題に関して雇用管理上講ずべき措置等についての指針

（平成18年厚生労働省告示第615号）において，同指針の対象として，被害者の性的指向又は性自認にかかわらず，当該者に対する職場におけるセクシュアルハラスメントも含まれることも含めて，セクシュアルマイノリティに対する差別が許されないことを，啓蒙し，また周知すべきである。

事例２　社外に起因する配置転換

Ｂは同性愛者ですが，当社（Ｙ社）の営業部に所属しており，多数の取引先との連絡窓口を担当しています。当社（Ｙ社）は，取引先を交えた研修会等を定期的に開催していますが，そのような場で，Ｂが同性愛者であることが話題になりました。後日，Ｂが担当している取引先Ｘ社から，Ｂが同性愛者であることを理由に担当をＢ以外の者にしてほしいとクレームが入りました。

当社（Ｙ社）はどのような点を検討して対応すべきでしょうか。

回　答

業務上の必要性に関しては，取引先から実際にクレームが来ている以上は，取引先からの嫌悪感は単なるおそれにとどまらず顕在化している（前掲＊10・Ｓ社事件参照）。Ｘ社とＹ社との関係性，これまでの取引の経緯，Ｘ社の売上高がＹ社に与える影響，Ｘ社の代替性の有無等の事情を考慮することになる。他方，労働者側の不利益に関して，**［事例１］**と同様に，Ｂのこれまでのキャリアや異動による精神的負担等を考慮することになるが，Ｙ社にとってＸ社の重要性が高ければ高いほど，これまでＹ社にとっての重要性の高い取引先を任されていたというキャリアの経験・蓄積は大きいという関係にあると思われる。ただ，一般的には，高度の業務上の必要性が認められる場合には，労働者側の不利益が相当大きな場合でも，通常甘受すべき程度の範囲内と評価されてしまう場合があるとされており＊11，本事例は，LGBT 社員に対する配転命令権の制限に関する限界事例ともいえる。

＊11　前掲＊５・『類型別労働関係訴訟の実務』221頁〔堀田〕。

そこで，Y社としては，X社に対し，Bのセクシュアリティと業務遂行能力は無関係であること等を説明するなどして，X社のクレームに対し慎重に対応すべきである。

それにもかかわらずX社がクレームを撤回しない場合で，業務上の必要性が高いと認められる場合は，やむを得ず，Bの担当替え等を検討せざるを得ないという結論も考えられる。実際，そのような状況に至れば，Bとしてもこれまでと異なり仕事もしにくくならざるを得ず，取引先X社からのハラスメントを受けるおそれも出てくる。Bに対して，担当替え等の経緯の説明や前述のキャリアや人事考課等のBの不利益に考慮し，代替措置を検討するなどの十分な説明とBの不利益の緩和等の措置等が法的紛争の回避のために不可欠であると思われる。

事例3 転勤先の個別事情

(i) Cは性同一性障害の治療のため，定期的にホルモン剤の注射治療を受けています。当社（Y社）は，Cを日本国内のZ地方に転勤させたいと考えていますが，Z地方ではホルモン剤の注射治療は受けることができません。

(ii) Dは同性愛者ですが，当社（Y社）がDを転勤させようとしているW国では，同性愛に対し罰則を科しています。

当社（Y社）はどのような点を検討して対応すべきでしょうか。

回 答

1 上記(i)の場合についてY社として考慮すべき要素

労働者側の不利益に関して，ホルモン剤の継続的な注射治療が突如中止されれば，身体に生じる不利益は重大なものであり，転勤により通常甘受すべき程度を著しく超える不利益を労働者に課するものと認められる可能性は高い。

他方で，Z地方における業務が，極論すると，Cしか対応ができない等，業務上の必要性が高いと極めて認められる場合もあると思われる。

このような場合は，Ｚ地方の近郊にホルモン剤の注射治療が受けられる施設はあるのか，その施設までの移動時間と費用，また費用のＹ社負担が可能であるのか等のＣの不利益の緩和策等を踏まえて，総合判断をすることが必要であると思われる。

2　上記(ii)の場合についてＹ社として考慮すべき要素

同性愛者に対して同性愛が禁じられている国への転勤を命じれば，身体拘束や罰則を受ける危険があり＊12，労働者側の不利益は重大なものである。他方，Ｗ国における業務が，Ｄしか対応ができない等，極めて高度な業務上の必要性が認められる場合もあると思われる。もっとも，この場合の労働者側の不利益については相手国の法制度に関わるものであり，自社において緩和することが困難であり，さらに当該法規の内容がＤの生命・身体に関わる重大なものであるため，Ｄの転勤については慎重にならざるを得ないものと考えられる。

では，関連して性的指向・性自認について海外転勤の発令を検討するにあたり，本人に対して性的指向・性自認を確認してよいか。同性愛が刑罰の対象とされている国への転勤を命じることは安全配慮義務に反しうるのでセクシュアリティを尋ねてもよいとする見解もあるが疑問である。そもそも従業員のセクシュアリティを知らない段階でかような安全配慮義務が生じるのか疑問である上，かかる発問はやはりカミングアウトの強制に及んでしまうことの深刻さのほうが重い。したがって，解決策としては，社内規定などで「LGBT であることによる不利益を一切受けない」ということを周知しておき，いざという時に当事者が安心してカミングアウトをすることができる会社にしておく必要がある。

◆

＊12　電電公社千代田丸事件（最〔３小〕判昭和43年12月24日民集22巻13号3050頁）は，業務命令の内容が通常予想される危険を超える場合には，その業務命令自体が違法になると判示する。

コラム1

外国人パートナーの在留資格

1 在留資格

海外支社から日本の本社へ異動する社員が，外国人パートナー（法律上の婚姻相手のほか，法律上の婚姻と同等の関係を有する者を含む）を伴って日本に入国又は帰国する場合に，そのパートナーの在留資格はどのようになるだろうか。

外国人の在留資格は，出入国管理及び難民認定法に定められている[*1]。パートナーシップには様々な組合せが考えられることから，国籍（日本人と外国人の組合せか，外国人同士か），性別（異性か，同性か），法律婚か否か（法律婚か，事実婚か）の観点から整理する。なお，ここでいう性別は，戸籍等の公的記録上の性別を指す。

2 日本人と外国人の男女婚

日本人と外国人の男女が法律上の婚姻関係にある場合，外国人パートナーの在留資格は「日本人の配偶者等」となる[*2]。

他方，同じ組合せでも事実婚の場合には，外国人パートナーについて「日本人の配偶者等」の在留資格は認められず，外国人パートナー

＊1 出入国在留管理庁のウェブサイトに「在留資格一覧表」のページが設けられており（http://www.immi-moj.go.jp/tetuduki/kanri/qaq5.html），最新の在留資格一覧表が閲覧できる。

＊2 「日本人の配偶者等」は，「日本人の配偶者若しくは特別養子又は日本人の子として出生した者」の身分を有する者としての活動を行うことができる在留資格である。日本国内での活動に制約がなく，就労もできる。

は，他の在留資格を取得する必要がある。

3　日本人と外国人の同性婚

日本人と外国人の同性カップルの婚姻は，現時点において，法律上の婚姻関係と認められない。法律上の婚姻が成立するには，それぞれの本国法で婚姻が成立しなければならないところ（通則法24条），国及び自治体において，日本の民法では同性婚が認められていないとの解釈のもと，戸籍実務が行われているからである。

したがって，日本人と外国人の同性カップルの婚姻は，外国人の本国（本国法）にかかわらず事実婚となる。そして，男女の事実婚の場合と同様，外国人パートナーについて「日本人の配偶者等」の在留資格は認められず，外国人パートナーは，他の在留資格を取得する必要がある。

なお，日本国内において，20年以上にわたり日本人男性とのパートナーシップを継続していた外国人男性が2017年に国外退去処分を受けて争った事案において，2019年３月，国は外国人男性に対し，在留資格を定住者として，在留特別許可（入管50条）を出した。また，同年９月にも，17年間日本人男性とパートナーシップ関係にあった外国人男性（ただし，トランスジェンダーであり，女性として暮らしていた）に対しても，国は，在留資格を定住者として，在留特別許可を出した。

4　外国人同士の男女婚

外国人の男女が法律上の婚姻関係にあり，一方が，就労等に関して一定の在留資格を有する在留者の場合，そのパートナーの在留資格は「家族滞在」*3となる。なお，「永住者」の在留資格を有する在留者の場合であれば，そのパートナーの在留資格は「永住者の配偶者等」となる。

次に，外国人の男女が法律上の婚姻関係にない場合でも，双方の本国において，制度上・法律上，事実婚が認められており，かつ一般的な場合＊4には，在留者のパートナーに対し，在留資格「特定活動（告示外特定活動）」＊5が認められる場合がある。もっとも，告示外特定活動については，入国前に在留資格認定証明書交付申請を行うことができないため（入管７条の２・７条２号），いずれにせよ当初は別の資格で入国する必要があり，その後，在留資格変更許可申請を行い，申請が認められれば告示外特定活動の在留資格を取得することができる。

上記に該当しない外国人の男女の事実婚においては，在留者のパートナーとして得られる在留資格はなく，パートナーは，他の在留資格を取得する必要がある。

5　外国人同士の同性婚

(1)　法律婚の場合

外国人同士の同性カップルが本国で法律上の婚姻関係にある場合，原則として，在留者のパートナーについては，在留資格「特定活動」により在留を認めることとされている（平成25年10月18日付け法務省管

＊3　「家族滞在」は，「教授」，「芸術」，「宗教」，「報道」，「高度専門職」，「経営・管理」，「法律・会計業務」，「医療」，「研究」，「教育」，「技術・人文知識・国際業務」，「企業内転勤」，「介護」，「興行」，「技能」，「文化活動」，「留学」のいずれかの在留資格をもって在留する者の扶養を受ける場合（配偶者又は子に限る）である。

行うことができる活動は，（在留者の）扶養を受ける配偶者又は子として行う日常的な活動であって，原則として収入を伴う就労は禁じられており，パートタイム的就労（原則として週28時間以内）のみ「資格外活動」の許可を取得することを条件に可能である。

＊4　事実婚が法的に保護されている例として，スウェーデンのサムボ法（サムボ婚（事実婚）を法律婚と同等に保護する法律），カナダの州法などが知られているが，世界各国で同性婚の法制化の動きに伴い，事実婚の法制化が進んでいる。

＊5　在留資格「特定活動」で行うことができる活動は，法務大臣が個々の外国人について特に指定する活動である。「出入国管理及び難民認定法第七条第一項第二号の規定に基づき同法別表第一の五の表の下欄に掲げる活動を定める件」（平成２年５月24日法務省告示第131号）記載の告示特定活動，そして，法務大臣が人道上その他の特別な事情により特に在留を認める告示外特定活動がある。

在第5357号)。

> 法務省管在第5357号
> 同性婚の配偶者に対する入国・在留審査について（通知）
>
> 在留資格「家族滞在」，「永住者の配偶者等」等にいう「配偶者」は，わが国の婚姻に関する法令においても有効なものとして取り扱われる婚姻の配偶者であり，外国で有効に成立した婚姻であっても同性婚による配偶者は含まれないところ，本年５月にフランスで「同性婚法」が施行されるなどの近時の諸外国における同性婚に係る法整備の実情等を踏まえ，また，本国で同性婚をしている者について，その者が本国と同様にわが国においても安定的に生活できるよう人道的観点から配慮し，今般，同性婚による配偶者については，原則として，在留資格「特定活動」により入国・在留を認めることとしました。（後略）

なお，「認定NPO法人虹色ダイバーシティ」の調査によれば，2021年１月までに，29の国・地域において同性婚が法制化されている＊6。

⑵　事実婚の場合

他方，外国人の同性カップルが事実婚である場合は，上記法務省通知の対象外と取り扱われている。

> 平成29年６月29日
> 第４回「第７次出入国管理政策懇談会」　議事録
>
> 入国在留課長「近時，諸外国におきましては，同性婚に係る法整備が進んでいる事情等もございますので，当事者の双方の

＊6　最新情報は次のウェブページで確認できる。https://nijibridge.jp

本国で有効に婚姻が成立している，いわゆる同性婚カップルの方につきましては，それらの方が本国と同様に，我が国においても安定的に生活できるよう，人道的観点から配慮することとし，在留資格の「特定活動」をもって入国・在留を認める取扱いをしているところでございます。

他方，当事者双方の本国において，有効に婚姻が成立していない場合は，このような取扱いはしておりません。また，同性婚の一方当事者が日本人の方である場合については，我が国において，有効に婚姻が成立しているとはいえないものですから，相手方に対する在留上の配慮というのは，特段していないところでございます。」

したがって，外国人の同性カップルが事実婚である場合に，在留者のパートナーとして得られる在留資格はなく，パートナーは，他の在留資格を取得する必要がある。なお，登録パートナーシップ制度に基づく登録を行っている場合も，本国において法律上の婚姻関係とされていない限り，事実婚として扱われる。

6　ま　と　め

以上をまとめると，海外支社から日本の本社へ異動する社員が，外国人パートナーを伴って日本に入国又は帰国する場合のパートナーの在留資格は右頁の図のとおりとなる。

なお，令和２年７月17日に閣議決定された「成長戦略フォローアップ」には，「高度人材の受入促進に向けた外国人同性パートナーの在留資格の在り方の検討」が挙げられ，金融系外国企業等のわが国進出の加速化などの観点から，外国人同性パートナーの在留資格の在り方について，引き続き検討を行うと記載されている*[7]。

■パートナーの在留資格

		法律婚	事実婚
日本人・外国人	異性	「日本人の配偶者等」	×
	同性		×
外国人同士	異性	「家族滞在」 （「永住者の配偶者等」）	「特定活動」の可能性がある
	同性	原則として「特定活動」	×

（注）×は，在留者のパートナーとして得られる在留資格はないことを意味する。

＊7　https://www.kantei.go.jp/jp/singi/keizaisaisei/pdf/fu2020.pdf

第3章 懲戒・服務規律

[1] 懲戒処分

本章では，従業員がLGBTであることを理由として（又はそれに関連して），当該従業員を懲戒処分に付することの可否について検討する。

(1) 懲戒処分に対する法律上の規制

労働契約法15条によれば，「当該懲戒が，当該懲戒に係る労働者の行為の性質及び態様その他の事情に照らして，客観的に合理的な理由を欠き，社会通念上相当であると認められない場合」には，その権利を濫用したものとして，当該懲戒は無効であるとされている。具体的には，懲戒処分を適法に行う場合には，①就業規則に懲戒処分の根拠規定があらかじめ規定されており，②当該行為が懲戒事由に該当すること，③懲戒処分の内容が，当該行為に照らして相当であることが必要とされている。

(2) 名前と制服に関する問題

事例1 名前及び制服の変更

当社には，女性従業員と男性従業員の制服を定め，就業規則には勤務時間中はそれぞれの制服を着用することを定めています。

ある男性従業員から「自分は性同一性障害であり，今後は名前を女性的な名前に変更して生活することにしたので，会社においても使用する名前を変更したい。また，女性の制服を着て勤務したい。」との申出がありました。しかし，この男性従業員の外見は男性的であり，家庭裁判所において名の変更に関する許可を得ておらず，戸籍上の性別も男性のままということでした。会社は，この申出を認めず，これまでどおりの名前，制服で勤務するように指示をしました。しかしその従業員は，翌日から会社の指示を無視して新しい名前を使い始め，女性の制服を着用して勤務し始めたのです。会社としては，指示を無視した従業員に懲戒処分をしたいと考えているのですが，可能でしょうか。

回　答

本事例では，会社が従業員の希望する名前の変更や女性の制服着用を認めず，従前の名前の使用，男性の制服着用での勤務を指示したにもかかわらず，従業員がこれに従わなかったことから，懲戒処分の検討をしている。業務命令違反については，ほぼすべての企業において懲戒事由になっていると考えられ，ここでもそのことを前提とする（上記⑴①の要件の充足）。当該従業員の行為は，形式的には業務命令違反の懲戒事由に該当すると考えられるが，直ちにそのように考えてよいかどうかは問題がある。

1　名前の変更

名前の変更については，法的には戸籍上の名前の変更の手続（戸107条の2，家手39条・別表第一122項）を要するが，本事例で従業員はこの手続を経ておらず，会社内において通称を使用したいという意向であると解される。

氏名は，各人の人格に本質的なものの1つとして人格権として古くから私法上の権利性を認められてきた*1。韓国籍を有する上告人が氏名を正確に呼称されることに関する事案ではあるが，「氏名は，社会的にみれ

＊1　芦部信喜『憲法〔第7版〕』127頁。

ば，個人を他人から識別し特定する機能を有するものであるが，同時に，その個人からみれば，人が個人として尊重される基礎であり，その個人の人格の象徴であって，人格権の一内容を構成するものというべきであるから，人は，他人からその氏名を正確に呼称されることについて，不法行為法上の保護を受けうる人格的な利益を有する」（結論は違法性を否定）と述べる＊2。

性同一性障害の戸籍上の名前の変更について，「性同一障害の診断を受けて以来，女性として生活すべく精神的及び身体的治療（ホルモン治療，精巣除去）を受けている者が，社会生活上，自己が認識している性別とは異なる男性として振舞わなければならず，男性であることを表す戸籍上の名を使用することに精神的苦痛を感じており，この者に戸籍上の名の使用を強いることは社会通念上不当であると認められる一方，名の変更によって職場や社会生活に混乱が生じるような事情も見当たらないことからすれば，変更後の名の使用実績が少ないとしても，この者の名を変更することに正当な理由がある。」と，条件付きで名前の変更に正当な理由があると判断した裁判例がある＊3。また，特別永住資格を有するいわゆる在日韓国人が日本名を通名として使用してきたのに対し，使用者が韓国名を使用するよう指示した事案について，「労働契約上の責任を生じさせることがあるほか，その態様等の具体的事情によっては，労働者のプライバシーや社会生活の平穏といった人格的利益を違法に侵害する嫌がらせとして，不法行為法上違法の評価を受けることがあるものというべきである。」と判示した裁判例もある＊4。

会社内において戸籍上の氏名を用いることが一般的であり，労務管理に伴って生じる諸手続の多くが戸籍上の氏名に依拠するため，そのことには合理性が認められよう。

しかし，そうだとしても，会社による業務命令・服務規律は無限界の

＊2　最〔3小〕判昭和63年2月16日民集42巻2号27頁。

＊3　大阪高決平成21年11月10日家月62巻8号75頁。

＊4　東京高判平成27年10月14日柳赫秀「静岡裁判と在日韓国朝鮮人社会」横浜法学24巻2・3号1～27頁。

ものではなく，労働契約関係は，労働者の人格や自由に対する法的配慮を要請された関係となっており，企業秩序による規制も労働者の人格・自由に対する行きすぎた支配や拘束となるものは許されず，裁判所は，服務規律の諸規定を合理的な内容に限定解釈するなどして，企業秩序に関する表面上広範な使用者の権限を適切に限界づける任務を有する＊5。

本事例において，従業員による性同一性障害を理由とする名前の変更（通称の使用）を拒否し，これまでの名前の使用を指示した業務命令には，戸籍上の氏名に依拠して行われる企業実務との整合性を保ち，これまでに当該従業員によって行われてきた具体的業務の連続性を維持するという意味で，その合理性や必要性を否定することはできない。しかしながら，例えば，すでに会社内において旧姓その他の通称の使用を認めている実務・ルールが存在するような場合にはそれに準ずる扱いを検討したり，そうではなくても上述のとおり，氏名が人格権の1つであることに鑑みれば，当該従業員の希望を直ちに聞き入れることが困難な事情を精査し，その解消のための方策を模索する試みを一切行わないまま，当該業務命令不服従を理由とする懲戒処分を性急に強行するのは，そもそも当該業務命令の適法性が問われたり，あるいは処分としての相当性を欠いたりするなどの理由から違法と判断される可能性があると考えられる。

2　制服着用を義務づける服務規律

制服の着用その他の身だしなみについて就業規則に規制を設けるケースはしばしば見られる。

これについても，裁判所は企業秩序を従業員の人格・自由と整合するように限定的に解釈しているように見受けられる。

例えば，ハイヤー運転手が口ひげをはやすことが「ハイヤー乗務員勤務要領」中の身だしなみ規定たる「ヒゲをそり，頭髪は綺麗に櫛をかける」との定めに違反するかについて，同規定で禁止されたヒゲは「無精

＊5　菅野和夫『労働法〔第12版〕』694頁。

ひげ」とか「異様，奇異なひげ」のみを指し，格別の不快感や反発感を生ぜしめない口ひげはこれに該当しないとする判断された事案*6や，トラック運転手が茶髪を改めるようにとの命令に従わなかったためになされた論旨解雇について，企業が労働者の髪の毛の色・型，容姿，服装などについて制限する場合は，企業の円滑な運営上必要かつ合理的な限度にとどまるよう特段の配慮を必要とされるとして無効と判断された事案*7がある。また，上司からひげを剃り，長髪を切るよう繰り返し指導されたがこれに応じないでいたところ，特殊業務の夜勤勤務のみ命じられ，窓口業務に就けなくなったという事案において，「使用者が事業の円滑な遂行上必要かつ合理的な範囲内で，労働者の身だしなみに対して一定の制約を加えることは，例えば，労働災害防止のため作業服やヘルメットの着用を義務付けたり，企業としてのイメージや信用を維持するために直接に顧客や取引先との関係を持つ労働者に服装や髪形等の身だしなみを制限するなどの場合があり得るところである。ただし，労働者の服装や髪形等の身だしなみは，もともと労働者個人が自己の外観をいかに表現するかという労働者の個人的自由に属する事柄であり，また，髪型やひげに関する服務中の規律は，勤務関係又は労働契約の拘束を離れた私生活にも及び得るものであることから，そのような服務規律は，事業遂行上の必要性が認められ，その具体的な制限の内容が，労働者の利益や自由を過度に侵害しない合理的な内容の限度で拘束力を認められるというべきである。」として担務変更・低評価などを違法と判断した*8。

したがって，定められた制服の着用に関する服務規律違反を理由とする懲戒処分を行うかどうかの検討においては，まず当該の服務規律が定める制服に関する「性別」をどのように解するのかを検討する必要があるだろう。

この点，戸籍上の性別が男性であるが，自らを女性と認識するトランスジェンダーの職員が，女性トイレの使用を制限されたため損害賠償を

＊6　東京地判昭和35年12月15日労民31巻6号1202頁。
＊7　福岡地小倉支決平成9年12月25日労判732号53頁。
＊8　神戸地判平成22年3月26日労判1006号49頁。

求めた事案において，裁判所は「性別は，社会生活や人間関係における個人の属性の１つとして取り扱われており，個人の人格的な生存と密接かつ不可分のものということができるのであって，個人がその真に自認する性別に即した社会生活を送ることができることは，重要な法的利益」であると判断している*9。

男女別の制服を定める服務規律の定めは，男女を「表象」によって区分する目的が主要なものであると解され，そうだとすれば，個人がその真に自認する性別に即して（その性表現として）着用することができるとの解釈もありうるところであり，少なくとも，懲戒処分という不利益処分を検討する場面では，生物学的性別に固執した適用・運用を行ってこれに違反したことにより懲戒処分を行えばそれが無効とされる可能性がある（本事例では，自らの性自認に従った制服を着用しているのであって，制服を着用すること自体を拒否しているわけではなく，その点での服務規律違反があるともいえない）。

懲戒処分を行うことを背景に，生物学的な性別に基づいた制服の着用を強制するならば，セクシュアルハラスメント，パワーハラスメントにも該当する行為として損害賠償が肯定される危険も指摘できよう（本事例については，通称の利用，制服の着用ともに社内外の影響を考えて，ただちに従業員の要望に応じられないと考えられるケースもあるであろう。そのような場合の考え方，実務上の考慮については，本書110頁の「職場における環境調整」参照）。

(3)　経歴詐称に関する問題

事例２　戸籍上の性別の不申告を理由とする懲戒の可否

入社以降10年間，男性として勤務していた従業員が戸籍上は女性であることがわかりました。当社の就業規則には，「重要な経歴を偽り雇用されたとき」には懲戒処分を行うという定めがあります。当該従業員は，性別を偽って入社したことになると思うので，経歴詐称を理由とす

＊9　東京地判令和元年12月12日労判1223号52頁。

る懲戒処分を行うことを考えていますが，これは問題あるでしょうか。

回　答

1　重要な経歴に該当するのか

まず，性別が，本事例の懲戒事由における「重要な経歴」に該当するかが問題となる。

一般的には，懲戒処分の対象となる経歴詐称は，使用者による能力や人物評価を妨げ継続的な労働契約関係における信頼関係を損なうような重要な経歴（学歴，職歴，犯罪歴など）の詐称に限られると解されている*10。

雇用機会均等法５条は，事業主が，労働者の募集及び採用について，その性別にかかわりなく均等な機会を与えなければならない旨規定して，同法10条１項に基づく「労働者に対する性別を理由とする差別の禁止等に関する規定に定める事項に関し，事業主が適切に対処するための指針」第２，２(2)イによって，採用にあたってその対象から男女のいずれかを排除することが同法５条によって禁止されることが示されている。

だとすれば，採用面接や履歴書において，性別は使用者による能力や人物評価を妨げ継続的労働契約関係における信頼関係を損ねるものではなく（むしろそうであってはならず），また大部分の仕事について男女の別は職務遂行能力に大きな影響を与える事実でもないことからすれば，性別は懲戒事由における「重要な経歴」とはいえない（採用において必須の情報とはいえない）というべきである（なお，第３部第１章［**事例３**］参照のほか，採用に関する近時の実務について，例えば，履歴書・エントリーシートにおける性別を記入する欄を設けない企業も見られることなどについて，本書53頁参照）。

*10　水町勇一郎『詳解労働法』568頁。

2 「偽った」といえるのか

懲戒事由該当性の判断にあたっては，戸籍上の性別を申告しなかったことを「偽った」と評価することの当否も問題となる。

従業員としては，性自認に基づいた性別を申告しているが，これは「偽った」といえるのだろうか。

上記1での議論とも関連するところだが，履歴書等における性別とはそもそも生物学的性別なのか性自認なのかも絡む問題である。おそらく現時点でのわが国における一般的な法解釈としては生物学的性別をベースに理解すべきであろうが，これに加えて，生物学的性別と性自認とが一致しないトランスジェンダーについては性自認をも含めて解する余地があるのであれば，もとより性別を「偽った」ことにあたらない。

この点については，令和元年に改正された女性活躍推進法では，同法9条の「えるぼし認定」の基準について，現行のえるぼし認定の基準である男女別の採用における競争倍率が同程度であることのほか，直近の事業年度において，①正社員に占める女性比率が産業ごとの平均値を上回っており，かつ，②正社員の基幹的な雇用管理区分の女性比率が産業ごとの平均値を上回っていることでも可となった。これは女性に人気があり応募者が殺到する企業がえるぼし認定を受けられないという不都合を避ける目的のほか，LGBT，SOGIの観点で採用の性別欄を削除した場合に採用倍率の基準でえるぼし認定が受けられない事例があったことを踏まえたものである＊11。

とすると，確実にいい切るにはためらいが残るものの，ここでの性別には性自認がまったく含まれないとまでは断じ切ることができず，懲戒処分が従業員に対する不利益処分であることからすれば，厳格解釈の見地からは本事例のケースを「偽った」ものと評価することのリスクは無視できない（従業員の内心に着目しても，トランスジェンダーが性自認に基づいた性別を申告すること自体は，嘘をついているわけではない）。

＊11　労政審議会雇用環境・均等分科会資料（https://www.mhlw.go.jp/content/11909500/000376253.pdf）。

本事例に関連し，在日朝鮮人であることを理由とする解雇を不法行為として慰謝料の支払を会社に命じた事案で，裁判所は「原告が履歴書等に本名，本籍について真実の記載をせず，採用試験受験に当って真実を申告しなかつた点について検討すると，（中略）在日朝鮮人である原告にとつて日本名『（略）』は，出生以来ごく日常的に用いて来た通用名であり，これを『偽名』とすることはできないばかりでなく，原告が氏名に本名『（略）』を使用し，本籍につき真実を申告することはとりもなおさず原告が在日朝鮮人であることを公示することになるのであるから，原告が被告会社に就職したい一心から，自己が在日朝鮮人であることを秘匿して，日本人らしく見せるために氏名に通用名を記載し，本籍に出生地を記載して申告したとしても，前記のように，原告を含む在日朝鮮人が置かれていた状況の歴史的社会的背景，特に，我が国の大企業が特殊の例外を除き，在日朝鮮人を朝鮮人であるというだけの理由で，これが採用を拒みつづけているという現実や，原告の生活環境等から考慮すると，原告が右詐称等に至った動機には極めて同情すべき点が多い。」とした上で，原告が「氏名」，「本籍」を詐称したとしても，これをもって被告会社の企業内にとどめておくことができないほどの不信義性があったとすることはできないと判断した＊12。

この裁判例は，LGBT 問題を考察する上でも示唆に富み，就職活動時に，トランスジェンダーであることがわかれば採用拒否される事態を懸念し，トランスジェンダーであることを告げずに就職活動をすることとパラレルに理解される。

さらにいえば，本事例では，すでに就職して10年が経過し，性自認に即した会社での執務実績がすでに形成・蓄積されている状況下において，戸籍上の性別と採用時に申告された性別が異なっていたとしても，これを懲戒処分に処するだけの相当性には乏しいといわざるを得ない。

以上からすれば，企業が懲戒処分をしたとしても，無効と判断される可能性が高いと思われる。

＊12　横浜地判昭和49・6・19労民25巻4号277頁。

［2］ 解　　雇

(1) 解雇に対する法律上の規制（解雇権濫用法理）

解雇は，客観的に合理的な理由を欠き，社会通念上相当であると認められない場合は，その権利を濫用したものとして，無効である（労契16条）。

また，雇用の分野における男女の均等な機会及び待遇の確保等に関する法律6条4号において，退職の勧奨・定年及び解雇並びに労働契約の更新について，労働者の性別を理由として差別的取扱いをしてはならない旨を定めている。

(2) LGBTを理由とした解雇の可否

事例3　他の従業員からの苦情

同性愛者の男性従業員がいるのですが，同じ部署で一緒に仕事をしている他の従業員から「不快で業務に支障が生じる。一緒に仕事をしたくないので何とかしてほしい。」という申告がありました。当該男性従業員は職務を特定して雇用している従業員であるので，他の部署に異動させることは困難です。「職場の風紀を乱す」という理由で解雇せざるを得ないと考えているのですが，問題あるでしょうか。

回　答

本事例における「不快で業務に支障が生じる」，「一緒に仕事をしたくない」という従業員の要望を受け入れ，同性愛者である従業員に対して「職場の風紀を乱す」と評価することには，客観的に合理的な理由があるとはいえないし，社会通念上相当性があるとも考え難い。よって，このような理由の解雇は解雇権の濫用との評価を免れないであろう。他の従業員に対してはLGBTへの理解を促す好機と捉え，研修等を実施して社内教育を徹底すべきである。

(3) 自認する性別による就労と懲戒解雇

事例4 女性の容姿での就労と懲戒解雇

男性として勤務してきた従業員から「自認する性別が女性であるので女性の服装で勤務したい。女性用トイレや女性用更衣室も使用することを認めてほしい。」との申出を受けたのですが，会社としてはこれに応じることができないので認めませんでした。そうしたところ，当該男性従業員は女性用の服装で勤務したので，会社は「女性用の服装を身に付けたり，女性用の化粧をしないこと」を命じました。しかし，当該男性従業員は，未だに女性用の服装で就業しています。業務命令違反を理由に懲戒解雇したいと思っていますが，問題はあるでしょうか。

回 答

1 S社事件*[13]

この事件は，戸籍上・生物学上は男性であるが自認する性別が女性である社員が女性の服装で勤務すること，女性用トイレを使用すること及び女性用更衣室を使用することの申出をしたがこれが認められないままなされた配転命令を拒否したこと，女性の服装をして出社しないことなどを命じた服務命令に従わず女性の服装で出社し続けたこと等を理由に懲戒解雇処分について，解雇の有効性が争われたものである。

この事件において，裁判所は，「会社の他の従業員が抱いた違和感及び嫌悪感は，時間の経過も相まって緩和する余地が十分にある。また，会社の取引先や顧客が会社に対し抱き又は抱くおそれのある違和感及び嫌悪感については，会社の業務遂行上著しい支障を来すおそれがあるとまで認められる明確な疎明はない。会社が当該従業員の申出について何らかの対応をし，具体的理由を説明したとは認められない上，その後の経

＊13　東京地決平成14年6月20日労判830号13頁〔S社事件〕。

緯に照らすと，当該従業員の性同一性障害に関する事情を理解し，申出に関する当該従業員の意向を反映しようとする姿勢を有していたとも認められない。そして，会社において，当該従業員の業務内容，就労環境等について，申出に基づき，会社，当該従業員双方の事情を踏まえた適切な配慮をした場合においても，なお，女性の容姿をした当該従業員を就労させることが，会社における企業秩序又は業務遂行において，著しい支障を来すと認めるに足りる疎明はない。」として，懲戒解雇は無効と判断している。

S社事件の判断に照らすと，本事例の懲戒解雇は無効となる可能性が高い。当該従業員の要望に真摯に向き合い，対応策を協議していく必要がある。具体的には本書110頁の「合理的配慮」の項目を参照されたい。

2　パス度を考慮してよいか

本事例においても，本章［**1**］(2)の［**事例1**］においても，当該従業員の性自認に従った容姿が，他人からどう見えるか，つまりMtFトランスジェンダーの場合でいえば，どの程度，周りから女性として認識されるかという尺度である「パス度」を，会社は性自認に従った服装の可否についての判断要素にしてもよいという見解もあるが疑問である。

一般に，従業員の容姿を問題にする言動は，特に男女に着目してなされる場合，セクシュアルハラスメントに該当する危険性が高い。例えば，女性社員に対して「もう少し女性らしい格好をしたらどうだ」という発言は不適当であろう。

本事例で当該従業員の容姿が，典型的に女性が着用する服装，化粧などをした上でもなお女性には見えないというケース（すなわち「パス度が低いケース」）であったとして，あるいは本章［**1**］(2)の［**事例1**］で会社が従業員の要望に応じない理由が従業員の外見（「男性的」）であるとして，そのような場面で会社がパス度を判断基準にするというのは「あなたは女性に見えないから（男性的にしか見えないから）本件は許可しない」，「従えないなら懲戒解雇（懲戒処分）する」ということにほかならない。業務遂行能力とまったく無関係な基準で職場における処遇が異なることを許容する法律論は，企業実務として実践されれば，それ自体が不法行為にあたりかねないともいえる。

パス度を問題にした議論をしようとする場合に，それが何のための，またどのような意味をもつ議論であるのかを極めて慎重に吟味することが必要である。

◆

第4章　人格権・プライバシー

［1］ LGBT当事者におけるプライバシー保護の必要性

公共の利益に関わらないプライバシーにわたる事項を公表されることは，公表された者の名誉，プライバシー，名誉感情といった人格的利益の侵害である。こうした人格的利益の侵害に対しては，重大で回復困難な損害を被らせるおそれがあることから，損害賠償請求や，侵害行為の差止めが認められるケースもある＊1。LGBT当事者にとって，自身がLGBT当事者であることは，極めてプライバシー性の高い情報といえ，これをみだりに公表されない権利があり，LGBT当事者のプライバシーは法的にも保護されるべきである。

その一方で，現状においては，LGBT当事者は社会の中でプライバシー等の人格的利益を脅かされることがしばしば見られる。企業の中で働くLGBT当事者に関して具体例を挙げれば，LGBT当事者であることでいじめを受け，職場に居づらくなったり，LGBT当事者であることが評価や出世に影響するといったことが挙げられる。そのため，LGBT当事者は，LGBT当事者であることを理由に不利益を被るのではないかという不安を抱くことがしばしばある。冒頭で述べたように，LGBT当事者にとって，LGBT当事者であるという情報は重大なプライバシー情報であって，これに対する侵害は，許されない。

＊1　「石に泳ぐ魚」事件：最〔3小〕判平成14年9月24日裁判集民事207号243頁。

こうしたLGBT当事者に対するプライバシー侵害や，LGBT当事者であることを理由とする嫌がらせ，差別的な取扱いは，性的指向（Sex Orientation）と性自認（Gender Identity）に対するハラスメント，略して「SOGIハラ」と呼ばれている。

［2］ SOGIハラ

(1) SOGIハラをめぐる法令

事例1　SOGIハラに対する法律上の規制

会社の歓送迎会の席上，独身女性に対し，上司が，「まだ結婚しないのか。子供を産むことが女の幸せだぞ。結婚するつもりがないのか。レズなのか。」などと言っていました。こうした発言は，法律上問題とならないのでしょうか。

回　答

1　雇用の分野における男女の均等な機会及び待遇の確保等に関する法律（いわゆる男女雇用機会均等法）

SOGIハラを直接規制する法律は，現時点では存在しない。しかし，SOGIハラの中には，性的な言動を用いるセクハラにも該当するものもあり，雇用の分野における男女の均等な機会及び待遇の確保等に関する法律におけるセクハラに対する概念の中には，SOGIハラを想定した表現が見られる。

●雇用の分野における男女の均等な機会及び待遇の確保等に関する法律11条1項

事業主は，職場において行われる性的な言動に対するその雇用する労働者の対応により当該労働者がその労働条件につき不利益を受け，又は当該性的な言動により当該労働者の就業環境が害されることのないよう，当該労働者からの相談に応じ，適切に対応するために必要な体制の整備その他の雇用管理上必要な措置を講じなければならない。

●事業主が職場における性的な言動に起因する問題に関して雇用管理上講ずべき措置等に関する指針（平成18年厚生労働省告示第615号。セクハラ防止指針）

職場におけるセクシュアルハラスメントには，同性に対するものも含まれるものである。また，被害を受けた者（以下「被害者」という。）の性的指向又は性自認にかかわらず，当該者に対する職場におけるセクシュアルハラスメントも，本指針の対象となるものである。

なお，上記法11条1項は，「職場において行われる」と規定されているとおり，「職場」において行われるセクハラを対象としている。この「職場」の範囲は，事業主が雇用する労働者が業務を遂行する場所を指し，当該労働者が通常就業している場所以外の場所であっても，当該労働者が業務を遂行する場所については，「職場」に含まれるとされている。これは，同項が，企業に雇用管理上の措置をとることを義務づける規定であったため，対象が職場に限定されたものである。しかし，セクハラはもとより，人格権侵害としてのSOGIハラは，職場であるか否かにかかわらず成立し，これを行えば，不法行為に基づく損害賠償請求が認められることになると思われる。

2　人事院規則

また，人事院規則のセクハラ防止に関する規定における「性的な言動」の定義には，「性的指向や性自認に関する偏見に基づく言動が含まれる」としており，「性的な言動」にとどまらない。そのため，人事院規則は，男女雇用機会均等法より広い範囲でSOGIハラをセクハラの対象として扱おうとしていると解される。

●人事院規則10−10（セクシュアル・ハラスメントの防止等）の運用につい

て

「性的な言動」とは，性的な関心や欲求に基づく言動をいい，性別により役割を分担すべきとする意識又は性的指向若しくは性自認に関する偏見に基づく言動も含まれる。

3　労働施策の総合的な推進並びに労働者の雇用の安定及び職業生活の充実等に関する法律（いわゆるパワハラ関連法）

令和元年5月に成立した労働施策の総合的な推進並びに労働者の雇用の安定及び職業生活の充実等に関する法律（いわゆるパワハラ関連法）において，パワハラに関する企業の雇用管理上の措置義務が規定されたが，同法成立時の附帯決議において，「職場におけるあらゆる差別をなくすため，性的指向・性自認に関するハラスメント及び性的指向・性自認の望まぬ暴露であるいわゆるアウティングも対象になり得ること，そのためアウティングを念頭においたプライバシー保護を講ずること。」と明記された。これを受けた指針においては，アウティングを想定したと思われる規定が存在する。

●事業主が職場における優越的な関係を背景とした言動に起因する問題に関して雇用管理上講ずべき措置等についての指針（令和２年厚生労働省告示第５号。パワハラ防止指針）

（該当すると考えられる例）

人格を否定するような言動を行うこと。（例えば，相手の性的指向・性自認に関する侮辱的な言動を行うことを含む。）

労働者の性的指向・性自認や病歴，不妊治療等の機微な個人情報について，当該労働者の了解を得ずに他の労働者に暴露すること。

⑵　SOGI ハラの例

SOGI ハラとは具体的にはどのような内容を指すのだろうか。ここで注意しなければならないのは，LGBT当事者は，全員がカミングアウトしているわけではないという事実である。

前述したとおり，社会には一定の割合でLGBT当事者はいるのであり，ただカミングアウトしていないにすぎない。それにもかかわらず，「自分が知らない＝存在していない」と判断し，LGBTを誹謗中傷するような発言をすることは，カミングアウトしていないLGBT当事者に対するハラスメントに該当する可能性がある。したがって，周囲にLGBT当事者がいないと思っていたとしても，SOGIハラに該当するような言動は常に慎むよう，心掛けることが重要である。

(a) LGBT当事者を直接揶揄する言動

一般的に，同性愛者を指して「ホモ」，「レズ」などと表現したり，トランスジェンダーで性自認に従った服装をしている人に対し「オカマ」などと表現することは，差別的な表現として取り扱われる。また，マジョリティと異なるというだけで，「変人」，「変態」，「気持ち悪い」などと言うことも当然，ハラスメントに該当する（第2部第1章**［2］**(3)参照）。

「LGBTの知り合いが身近にいないため，気を付けるのが難しい」という話も聞くが，周囲に当事者がいないとしても，不快に思うと思われる発言をしないように配慮することは多くの人が日常的に行っており，LGBTについても知識さえあれば言葉遣いに気を付けることはできる。

(b) 不利益な取扱い

事例2　LGBT当事者であることを理由に行われる不利益な取扱い

同性愛者であることをカミングアウトしたところ，翌日から，他に理由もないのに上司が自分を無視するようになり，やがて地方の営業所に異動を命じられました。

回 答

カミングアウトを理由に不利益な取扱いをすることは，SOGIハラに該当する。上記の事例は，職場における性的指向に関する不利益的取扱いである。

(c) プライバシー侵害

事例3 LGBT当事者のプライバシーに踏み込んだ発言

同性愛者であることをオープンにしていますが，この前酔った同僚から，パートナーとの性生活について根掘り葉掘り聞かれました。

回 答

LGBT当事者に限った話ではないが，業務を離れた私生活の内容は，プライバシーに関わるものであり，プライバシーに関して，しつこく質問をすることは，答えたくない内容を言わされるものとして，これもハラスメントに該当する可能性がある。

(d) カミングアウトしていない者への配慮

事例4 カミングアウトしていない者に対する言動(1)

私はゲイですが，職場ではカミングアウトしていなかったため，周囲には，独身ですと言っていたところ，「なんで結婚しないのか。ホモなんだろう。」などとからかわれました。

事例5 カミングアウトしていない者に対する言動(2)

(i) 私はゲイでパートナーがいますが，カミングアウトはしておらず，周囲には独身であると言っていたところ，上司から，「なんで結婚しないのか。結婚して子供を産み育てるというのが幸せというものだ。」

と説教されました。

(ii) ゲイのパートナーのことを職場では異性の妻に置き換えた話をしていたところ，「子供をつくらないの。」などと聞かれ，困惑してしまいました。

回 答

カミングアウトしていないLGBT当事者に対してであっても，差別的な発言を行ったり，あるいは固定的な家族観に基づいた話をすることは，LGBT当事者を非常に困惑させるとともに，カミングアウトした場合によけいいじめを受けるのではないかとの不安を抱かせることとなり，SOGIハラに該当する（**［事例4］**及び**［事例5］**については，相手がLGBT当事者でなくてもセクハラに該当しうる)。

また，仮にLGBTの当事者でない者に対しても，独身というだけで同性愛者ではないか，などと発言して不快感を抱かせることは，ハラスメントに該当する。

前述したとおり，LGBTであることを揶揄する言動自体，性自認や性的指向に関する人格的利益の侵害であって，話す相手がLGBT当事者でなかったとしても許されるものではないことに留意する必要がある。

［3］ アウティング

(1) アウティングの内容

事例6 **同性愛者であることの吹聴**

当社は，従業員十数名程度の企業です。“従業員Aが同性愛者である”との話を，従業員Bが他の同僚に吹聴しました。会社として，何らかの対応をすべきでしょうか。

回　答

“プライバシー”を明示的に保護法益とする成文法は見当たらないが，裁判例*[2]は「私事をみだりに公開されないという保障が，……（中略），その尊重はもはや単に倫理的に要請されるにとどまらず，不法な侵害に対しては法的救済が与えられるまでに高められた人格的な利益であると考えるのが正当であり，それはいわゆる人格権に包摂されるものではあるけれども，なおこれを一つの権利と呼ぶことを妨げるものではないと解するのが相当」と判示している。これは憲法13条の幸福追求権の一類型と捉えられる自己決定権，自己情報コントロール権と解されており，これを実現するため自己の情報をどこまで誰に，どこまで開示するか，ということは当人のみが決定すべきと考えられる。

本人の同意なく，本人のセクシュアリティ等を第三者に伝えることは「アウティング」と呼ばれるハラスメント行為である。したがって，従業員Aについて従業員Bが吹聴した行為は「アウティング」にあたる。

アウティングは前掲令和２年厚生労働省告示第５号２⑺へ⑷②においてパワハラ該当例とされている。また，アウティングを明文で禁止する立法例として，「国立市女性と男性及び多様な性の平等参画を推進する条例」があり，「何人も，性的指向，性自認等の公表に関して，いかなる場合も，強制し，若しくは禁止し，又は本人の意に反して公にしてはならない。」と定めている。当該条例は，大学院生が同級生に告白したことをきっかけにアウティングが行われ，当事者が自殺してしまった事件を契機として制定された。同事件では遺族が大学を相手として提起した民事訴訟において，アウティングそのものの法的位置づけについて判断を避けた*[3]。しかしながら，セクシュアリティ等は秘匿性の高い私生活上の事柄であり，これを本人の意に反して暴露することは民法上の不法行為にあたる可能性が高い。

事例は，従業員間で違法行為が発生した事案であり，これが業務中に

＊２　「宴のあと」事件：東京地判昭和39年９月28日下民集15巻９号2317頁。

＊３　東京地判平成31年２月27日判例集未登載。

行われたのであれば，行為者に対する不法行為責任（民709条）だけでなく企業も使用者責任（民715条）を追及されうる。アウティングは個人（事例における従業員A）に与えるダメージが大きいものであり，当事者の希望をきめ細かくヒアリングし，これに沿って対応することが必要と考えられる。

また，「……個人的な性生活や性向を窺わせる事項について発言を行い，……職場に居づらくさせる状況を作り出」すことは，「働きやすい職場環境の中で働く利益を害する」ものとして，民法上の不法行為責任を負いうるとした裁判例がある*4。事例のようなアウティングは，「性的指向を窺わせる事項についての発言」であり，「職場に居づらくさせる状況を作り出」すものといえる。

また，企業としても従業員のプライバシーを保護すべき義務を認めた裁判例も参考になるところである。

⑵　アウティングの問題点

アウティングはなぜ違法とされるのか。クローゼットなLGBT当事者は，LGBT当事者であることを知られると人間関係に悪影響を及ぼすのではないか，という不安を抱えている場合が多い。現にアウティングをされてしまった結果，人間関係が断絶するほかに様々な不利益を受けるケースがあるからである。現在の日本において，LGBT当事者であることを公言している人は少数派であり，多くの当事者にとっては「LGBT当事者であることが知られると何をされるかわからない」のが正直な感覚であろう。

セクシュアルマジョリティが無意識に発信する，自らのセクシュアリティを明らかにするメッセージは意外なほど多い。例えば結婚指輪をしている，彼氏（彼女）と過ごす休日の予定を話す等である。また，

＊4　福岡地判平成4年4月16日判時1426号49頁。

「彼氏（彼女）いないの？　作らないの？」など，（あなたは当然にセクシュアルマジョリティですよね？）という含意の会話も日常的に行われている。これらは，LGBT 当事者に「お前はマイノリティだ」というメッセージとして受け取られ，セクシュアリティを明らかにすることの不安を増大させる。特に，従業員数の少ない中小企業においては身の切られるような不安，痛みを覚えるであろう。上記大学院生の事例に見られるように，これは自殺という重大な結果を引き起こしかねない。

従業員の私的な事柄であっても，業務上の必要性があれば社内で情報共有を行うことが正当化される可能性はある。しかし，従業員Aのセクシュアリティは，業務又は職場環境整備のために必要な情報とは到底いい得ず，業務上の必要性から事例のアウティングが正当化できる可能性は低いといえよう。

事例7　アウティング発生時の対応

当社の従業員Aが，LGBT 当事者であることを秘していた従業員Bについて，同僚にアウティングを行いました。今のところ，A，Bともに会社に対して何かを要求していませんが，どのように対応すべきでしょうか。当社にはアウティングを明文で禁じる就業規則はありません。

回　答

アウティングを禁ずる規定がなくても，A に対しては，B に対するハラスメントとして就業規則に基づく対応をとるべきである。また，B に対しては本人の意向を確認し，ケアに努めるべきである。さらに，再発防止策を講じるべきである。

(3) 企業内でアウティングが起きた場合の対応

アウティングはセクシュアリティに基づくハラスメント行為であり（前掲パワハラ防止指針），働きやすい労働環境の問題として捉え対応することが適切といえる。アウティングによって業務について生じた支障に応じ，就業規則に基づいて従業員Ａを懲戒することが考えられる。

一方で，アウティング特有の問題として，アウティングにおいて伝播してしまった事実を解消することは不可能であり，これをもとに従業員Ｂの不安感は増大するということがある。当事者としてはこの問題を会社として取り上げられること自体が，自らのセクシュアリティをより広く伝播することになる，と考えて表立った対応を希望しない場合もありうる。

したがって，企業の対応としては，当事者社員に対する聴き取りが何より重要である。従業員Ｂが会社に求める対応や，問題解決に際して従業員Ｂのセクシュアリティを伝えてよい相手（例えば，直属の上司や特定の同僚，異動があるとすれば異動先の上司等）について，きめ細かくヒアリングすることが必要であろう。

また，従業員Ａ（及び周囲の同僚等）については，再発防止を防ぐためにも本人の理解，意識を確認する必要がある。また，アウティングがLGBTへの無理解によるものであれ，LGBT嫌悪によるものであれ，必要に応じた教育や指導が求められる（仮にLGBT嫌悪によるものである場合，LGBT嫌悪は個人の思想であり会社に干渉される謂れはない，という主張が考えられる。しかし，自らの嫌悪を基に他人を害することは許されない行為である）。

事例８　善意によるアウティング

当社では，同性パートナーのいる従業員に対しても，法律婚をした従業員同様の福利厚生が完備されています。同僚Cには同性パートナーがいるのですが，社内ではこれを公言しておらず，福利厚生も利用していないようです。同僚Cが損をしているのが可哀そうなので，私からこれを人事に伝えてもよいでしょうか。

回　答

前記［**事例6**］で見たように，本人の同意なく，本人のセクシュアリティ等を第三者に伝えることはアウティングにあたる。これはアウティングを行った者の意図によって左右されるものではない。同僚Cに対する純然たる善意から行ったことであったとしても，他人である人事に同僚Cについて伝えることは，Cに対するアウティングとなる。

事例9　当事者を特定しない公表

当社では，LGBT に関する従業員の理解促進と当事者のための制度の拡充に努めています。当事者従業員がいるのですが，本人はLGBT当事者であることを秘密にしたいようです。従業員の理解を深めるためにも，名前は明かさなくても，当社に当事者従業員がいることを明らかにしたいと考えていますが，問題はないでしょうか。

回　答

上述のとおり，本人の同意なく，本人のセクシュアリティを第三者に伝えることは「アウティング」であり，アウティングが本人に対する害意をもって行われたか，善意により行われたかは無関係である。したがって，LGBT 当事者であることを秘密にしたい従業員の意思に反してこれを明らかにすることは，アウティングにあたる。

個人を特定せず従業員の中にLGBT 当事者が存在する，ということを明らかにする場合であっても，特に従業員数が少ない場合，当事者としては，「“捜索”が始まって“発見”されるのではないか」という不安を強く覚えることであろう。

(4) カミングアウトを選択しうる職場づくり

企業として，LGBT 当事者に自らのセクシュアリティをオープンにしてほしい，と考えたとしても，カミングアウトするか否かは当事者の自由意思で決定されるべき事項である。しかしながら，例えば本人が自発的にカミングアウトしてもよい，と感じられる状況を作る，間接的なアプローチは可能であろう。会社が LGBT フレンドリーである，ということは，例えば同性パートナーを扶養家族として認める等の制度設計でも伝えられるであろうし，スピーチや日々のメッセージからも伝えうる。このメッセージは，当事者が自らカミングアウトしても安心だと感じられるまで，また取引先等の第三者にも「この企業は LGBT フレンドリーである」と理解されるまで，社長，部長，直属の上司，人事，同僚等，様々な立場から，繰り返し伝えることが肝要である。

［４］ 会社の義務

(1) 使用者の民事上の責任

事例10　精神疾患に対する会社の義務

> トランスジェンダーであることをカミングアウトし，女性として行動するようになりましたが，上司を含めた周囲が自分をことさらに無視するようになり，会社に行きづらくなり，病院に行ったところうつ病と診断されました。

回　答

前述したとおり，LGBT に対する不利的な取扱いはハラスメントに該当する。この場合，行為者である上司には不法行為責任が，使用者である会社には使用者責任が発生する。

また，会社は，従業員に対して，その生命，身体等の安全を確保しつつ労働することができるよう必要な配慮をする義務（安全配慮義務）を負っているが（労契5条），こうしたハラスメントの事案においては，「使用者は，被用者に対し，労働契約上の付随義務として，信義則上職場環境配慮義務，すなわち，被用者にとって働きやすい職場環境を保つように配慮すべき義務を負っている」*5と判断される。したがって，会社は，職場で起きたSOGIハラに対して，雇用契約上の債務不履行に基づく損害賠償責任を負うことになる。

⑵ ハラスメントによる労災認定

上記［**事例10**］では，上司らのハラスメントにより当事者がうつ病にり患している。厚生労働省の「心理的負荷による精神障害の認定基準について」（平成23年12月26日基発1226号）によれば，職場でハラスメントの被害を受けた場合，以下の程度の場合は心理的負荷が「強」と判断され，労災が認定されることになる。

●上司等による次のような精神的攻撃が執拗に行われた場合
・人格や人間性を否定するような，業務上明らかに必要性がない又は業務の目的を大きく逸脱した精神的攻撃
・必要以上に長時間にわたる厳しい叱責，他の労働者の面前における大声での威圧的な叱責など，態様や手段が社会通念に照らして許容される範囲を超える精神的攻撃

●身体接触のない性的な発言のみのセクシュアルハラスメントであって，発言の中に人格を否定するようなものを含み，かつ継続してなされた場合

＊5　津地判平成9年11月5日判時1648号125頁等。

●身体接触のない性的な発言のみのセクシュアルハラスメントであって，性的な発言が継続してなされ，かつ会社がセクシュアルハラスメントがあると把握していても適切な対応がなく，改善がなされなかった場合
●同僚等による多人数が結託しての人格や人間性を否定するような言動が執拗に行われた場合

（参考）ハラスメントに関する企業の雇用管理上の措置義務内容

なお，企業に対し，セクハラおよびパワハラに関する雇用管理上の措置を講じることが義務付けられているが（雇均11条，労働施策総合推進法30条の2），同じことはSOGIハラにも妥当するといえる。その具体的な内容は大要，以下のとおりである。

① 事業主の方針等の明確化及びその周知・啓発
　イ　ハラスメントの内容及びハラスメントがあってはならない旨の方針を明確化し，管理・監督者を含む労働者に周知・啓発すること。
　ロ　ハラスメントに係る言動を行った者については，厳正に対処する旨の方針及び対処の内容を就業規則その他の職場における服務規律等を定めた文書に規定し，管理・監督者を含む労働者に周知・啓発すること。

② 相談（苦情を含む。以下同じ。）に応じ，適切に対応するために必要な体制の整備
　イ　相談への対応のための窓口（以下「相談窓口」という。）をあらかじめ定めること。
　ロ　イの相談窓口の担当者が，相談に対し，その内容や状況に応じ適切に対応できるようにすること。また，相談窓口においては，ハラスメントが現実に生じている場合だけでなく，その発生のおそれがある場合や，ハラスメントに該当するか否か微妙な場合であっても，広く相談に対応し，適切な対応を行うようにすること。

③ ハラスメントに係る事後の迅速かつ適切な対応

イ　事案に係る事実関係を迅速かつ正確に確認すること。

ロ　イにより，ハラスメントが生じた事実が確認できた場合においては，速やかに被害者に対する配慮のための措置を適正に行うこと。

ハ　イにより，ハラスメントが生じた事実が確認できた場合においては，行為者に対する措置を適正に行うこと。

ニ　改めてハラスメントに関する方針を周知・啓発する等の再発防止に向けた措置を講ずること。

④　①から③までの措置と併せて講ずべき措置

イ　ハラスメントに係る相談者・行為者等の情報は当該相談者・行為者等のプライバシーに属するものであることから，相談への対応又は当該ハラスメントに係る事後の対応にあたっては，相談者・行為者等のプライバシーを保護するために必要な措置を講ずるとともに，その旨を労働者に対して周知すること。

ロ　労働者がハラスメントに関し相談をしたこと又は事実関係の確認等に協力したこと等を理由として，不利益な取扱いを行ってはならない旨を定め，労働者に周知・啓発すること。

［5］　社外におけるSOGIハラ

事例11　トランスジェンダーであることを理由とする顧客クレーム

社内でトランスジェンダーであることをオープンにしたMtFがおり，社内では認知されていましたが，女性の服装をして取引先に行ったところ，相手の社長から「気持ち悪い」などと言われた挙句，後で会社に，「あんな担当者を寄越すような会社とは今後取引は行わない。」などと言われました。この取引先は会社にとっても重要な相手で，契約を打ち切られたら経営にも大きな影響が出てしまいます。

会社としてどのように対応すべきでしょうか。

回　答

取引先との営業においても，会社の指揮命令により業務を行っている以上，そこでの取引先のSOGIハラにより被害を受けた従業員がいた場合，当該行為は社外の人間によるものであるため使用者責任は発生しないが，会社に職場環境配慮義務は生じる可能性がある。こうした事態は，セクハラやパワハラにおいてもしばしば問題となり（取引先が，「女の担当なんか寄越すな」といったクレームを入れたり，担当者を厳しく非難する等），対応としては，セクハラやパワハラと同様な対応が必要になる。

これに対する会社の対応として必要となるのは，まずは本人の意向の確認である。

本人がこれ以上当該取引先の対応をしたくないということであれば，担当を替える等の対応をとることになる。これに対し，本人が取引先の担当を継続したいと希望している場合には，本人の了解を得たうえで，取引先に対し，理解を求めていくのが本来である。しかし，取引先を完全にコントロールすることはできず，残念ながら，常に理解が得られるわけではない。仮に取引先の理解を得ることができない場合には，これ以上のSOGIハラ被害の拡大を防ぐために，やはり加害行為からLGBT当事者を隔離する（担当を替える）ことも検討する必要がある。

事例12　企業外の第三者によるアウティング

当社は上場企業であり，取締役にゲイ男性がいます。当該取締役がゲイであることを明らかにし，非難する内容の週刊誌が出版されるとの情報を得ました。どのように対応すべきでしょうか。

回　答

外国の事例であるが，過去には，企業の男性重役が同性愛者であること，売春行為で知り合った男性と継続的な関係をもっていたことをマスコミに記事にされたことを受けて退任した，という事例がある。

しかしながら，同性愛者であることと職務の遂行能力は無関係であり，当該取締役が職務上の義務に反したり，何らかの違法行為を行っていない限り，企業又は取締役個人として対応すべき法的義務を負うものではない。

事例の出版社の立場からは，上場企業の役員の私生活上の行状は，公共の利害に関わるものであり一定の公益性を有するものとして，正当性を主張するであろう。一方で，企業の立場からは，取締役個人が同性愛者であることを本人の意思に反して明らかにする行為はアウティングであり，これに対して会社が損害を被ったことを立証できれば民事上の責任を追及することが考えられる。また，仮に出版前であれば，会社が損害を被る蓋然性の立証とともに，出版の差止めを求める仮処分の訴えを提起することが考えられよう。

◆

コラム2

社内でのカミングアウト

1　社内でのカミングアウトは必要なのか？

カミングアウトは個人の人格やプライバシーに関する開示であるため，本来その選択は個人に委ねられるものであり，他者から強制されるものではない。

ただし，本人にとってカミングアウトが必要な場合は例外的にありうる。例えば，本人が会社のLGBTポリシーに基づく制度の利用を希望する場合や，SOGIハラの被害を訴える必要がある場合等である。この場合，制度の利用を希望する場合，会社は制度の利用要件該当性を判断するのに必要な範囲で本人に事情を確認することがあるが，これはカミングアウトの強制にはあたらない。

それ以外の通常の勤務の中で，更衣室やトイレの使用を心の性（性自認）に従って利用したいと考えた場合も，カミングアウトが要求される場面となる。

2　カミングアウトを受けたときの対応

ここでは，会社の同僚からカミングアウトを受けた場合を想定する。

目的が何であれ，カミングアウトが清水の舞台から飛び降りるほどの気持ちでなされる場合は少なくない。たとえ一見カジュアルな言い方や態度だったとしても，内心はカミングアウトした自分を受け入れてもらえるか不安に思っている場合もある。まずはそのことを念頭におく。

同時に自分は「受け入れてくれるかもしれない」と期待されていることも意識する。個人的な関係でカミングアウトを受ける場合，自分はかなり信用されているということでもある。

(1)　目的を確認する

社内で何かしてほしいことがあってのことなのか，自分への理解を求めてのことなのか。それによって，その他の人に性的指向・性自認を伝える必要性の度合いが大きく異なる。もちろん，他人に性的指向・性自認を伝えてよいかどうかはカミングアウトした本人の意向に従うべきである。

(2)　目的に沿った対応をする

(a)　社内制度の利用の場合

社内制度に関する規程などを参照し，窓口がどこなのかを一緒に確認する。カミングアウトした人が制度のことをよくわからないまま相談したい場合があるからである。なお，規程などがなく，制度窓口がわからない場合，人事部など個人情報の保護がなされている部門に問い合わせるように促すのが望ましい。代わりに窓口を探す場合，探す過程でアウティングにならないよう，個人名は伏せて問い合わせるよう配慮する。

(b)　職場環境の整備の場合

職場環境整備に向けて，カミングアウトされた情報を誰に開示してよいのか，情報のどの範囲を開示してよいのか，厳密に本人と打ち合わせる必要がある。整備すべき環境の関係者が多い場合には，本人の希望に反して情報が伝播する危険性も考慮しなくてはならない。本人が抽象的に「他の人にカミングアウトをしてよい」と言ったとしても，誰に対してどこまでの情報を開示するかあらかじめ本人の意向を尋ね，アウティングにならないよう細心の注意を払うことが望ましい。職場環境整備が所属部署内の調整だけでは困難であった場合，人事部等管理部門に調整を依頼すべき場合もあるが，都度，本人の意向を確認すべきである。

また，職場環境の整備は一時的に意見の対立が生じる可能性もあるため，本人や部内の従業員の心の健康にも留意すべきである。

(c)　自分を理解してもらいたい場合

この場合，上記(a)，(b)の理由とは異なり，極めてパーソナルな思いに基づくものであり，前述のとおり，カミングアウトが大きな決断である場合も少なくない。その相手に選ばれたということは，本人は開示対象者が自分を理解してくれるだろうとある程度期待している。そのことについてまず感謝の言葉を述べるだけでも本人はとても安堵するであろう。

また，意識してもらいたいことは，カミングアウトをしてもしなくてもその人自身が変わるわけではないということである。ただ，今まで可視化されなかったことが明らかになるだけである。

そしてこのカミングアウトは本人のものなので，本人の意向なくしてその他の人に話すことはアウティングにあたることに注意する。特に友人ならよいが身内は絶対に困るとか会社の人には言わないでという場合もある。

繰り返すが，カミングアウトしたことが，直ちにそのことを周囲に向けて口にしていいということではなく，アウティングに注意する。カミングアウトされてももちろんSOGIハラをしてはいけないのは当然である。

◆

第 5 章　職場における環境調整

［1］ 職場における環境調整とは

従業員が，「自分らしく働くこと」は，従業員の人生を豊かにするものであり，従業員のモチベーション・能力の向上に繋がる結果，企業の業績・価値をアップさせることが期待できる。しかし，職場においては，男女別が当然の前提となっている場面（髪型，服装，トイレ，更衣室など）が存在する。このような状況では，LGBT のうち，特にトランスジェンダーは，「自分らしく働くこと」，つまり，自認する性別を前提に働くことが制限されやすい。このような場合に企業が，トランスジェンダー従業員から「自分らしく働くこと」を制限しないよう環境調整（合理的配慮）を求められる場面がある。また，企業として，かかる環境調整を行うことが，法的リスクを回避することにもなる。

その場合に参考になる規律として，事業主に対して障害者に対する環境調整や合理的配慮を求める，障害者の雇用の促進等に関する法律や，同法36条の５第１項の規定に基づき定められた合理的配慮指針（平成27年厚生労働省告示第117号）がある。同法に定める障害者に性同一性障害が含まれるものだとしても，性同一性障害の診断を受けていないトランスジェンダーもおり，トランスジェンダー全員に対して，直ちに同法の適用が認められるわけではないが，その趣旨は職場における LGBT に対する環境調整を検討する上で参考になる。

［2］　参考となる裁判例

職場における環境調整を検討するにあたっては，以下の裁判例が参考となる。

(1)　髪型や服装に関する規程の限界

会社のイメージや，顧客に対する印象を保つために，髪型や身だしなみを制限したり，就業中に一定の制服の着用を義務づけたりするものとして，就業規則の中に髪型や服装に関する規定を置いている会社もある。

これに関する裁判例として，髪型や服装に関する規定に違反し，ひげ・長髪の状態で勤務していた従業員に対し，その外貌に対するマイナスの人事評価に基づく賃金カット及び担当業務の限定を行い，また，上司らが当該従業員に対し，ひげを剃るように執拗に求めた行為がいずれも違法であるとして争われた事件が参考になる。この事件において裁判所は，「労働者の服装や髪型等の身だしなみは，もともとは労働者個人が自己の外観をいかに表現するかという労働者個人の自由に属する事柄であり，また，髪型やひげに関する服務中の規律は，勤務関係又は労働契約の拘束を離れた私生活にも及び得るものであることから，そのような服務規律は，事業遂行上の必要性が認められ，その具体的な制限の内容が，労働者の利益や自由を過度に侵害しない合理的な内容の限度で拘束力を認められるというべきである」と述べ，髪型や服装に関する規定に限界があることを示している*1（第3部第3章「懲戒・服務規律」参照）。このような髪型や服装に関する規定に限界があることを念頭に置きつつ，形式的にこれら規定をあてはめ，

＊1　神戸地判平成22年3月26日労判1006号49頁。控訴審も同様に判断し，会社の控訴を棄却した。大阪高判平成22年10月27日労判1020号87頁。

従業員を拘束することは避けなければならない。

(2)　S社事件*2

性同一性障害者である従業員が，自認する性別で就業したいと求めるケースがある。そのリーディング・ケースがS社事件決定である。

会社Yの従業員であるXは，戸籍上は男性だが性自認は女性であり，性同一性障害であると診断されている。Xが会社Yから配置転換の内示を受けた際に，配転承諾の条件として，①女性の服装で勤務したい，②女性用トイレを使用したい，③女性用更衣室を使いたいと申し出た（以下「本件申出」という）ところ，会社YはXの申出を認めずに配転命令を発したため，Xは配転を拒否し2週間欠勤するなどした。その後，Xが女性の服装，化粧等（以下「女性の容姿」という）をして配転先に出勤したところ，会社Yは，女性の容姿で出社しないよう業務命令を発し，自宅待機を命じたが，Xは命令に反して女性の容姿で出勤した結果，会社Yは配転命令及び業務命令違反でXを懲戒解雇した。Xは会社Yからされた懲戒解雇が無効であるとして，地位保全及び賃金・賞与の仮払いの仮処分を申し立てた。

裁判所は決定において，次のように述べて懲戒解雇を無効とした。Xは，「本件申出をした当時には，性同一性障害として，精神的，肉体的に女性として行動することを強く求めており，他者から男性としての行動を要求され又は女性としての行動を抑制されると，多大な精神的苦痛を被る状態にあったということができる」。そして，「このようなXの事情を踏まえて」，会社Yの主張（男性であるXが女性の容姿をして会社Yに就労すれば，会社Yの社員がXに対し，強い違和感や嫌悪感を抱き，職場の風紀秩序が著しく乱れる上，会社Yの取引先や顧客が，Xを見て違和感や嫌悪感を抱き，会社Yの名誉・信用が低下し，会社Yとの取引を差し控えること

＊2　東京地決平成14年6月20日労判830号13頁。

になるのであり，女性の容姿をしたＸを相当な待遇により雇用し続けることはできないから，女性の容姿をして就労することを禁止した服務命令は正当であり，これにまったく従わなかったＸに対する解雇は理由がある旨の主張）を検討すると，会社Ｙの社員がＸに抱いた違和感及び嫌悪感は，「Ｘの事情を認識し，理解するよう図ることにより，時間の経過も相まって緩和する余地が十分あるものといえ」，「会社Ｙの取引先や顧客がＸに抱き又は抱くおそれのある違和感及び嫌悪感については，会社Ｙの業務遂行上著しい支障を来すおそれがあるとまで認めるに足りる的確な疎明はない」とした。そして，会社Ｙは，Ｘに対し，本件申出を受けてからこれを承認しないと回答するまでの約３週間に，「本件申出について何らかの対応をし，また，この回答をした際にその具体的理由を説明しようとしたとは認められ」ず，「その後の経緯に照らすと，Ｘの性同一性障害に関する事情を理解し，本件申出に関するＸの意向を反映しようとする姿勢を有していたとも認められない」とした。そして，「Ｙにおいて，Ｘの業務内容，就労環境等について，本件申出に基づき，ＸＹ双方の事情を踏まえた適切な配慮をした場合においても，なお，女性の容姿をしたＸを就労させることが，会社Ｙにおける企業秩序又は業務遂行において，著しい支障を来すと認めるに足りる疎明はない」として，Ｘによる服務命令違反行為は，懲戒解雇事由にはあたりうるが，懲戒解雇に相当するまで重大かつ悪質な企業秩序違反であると認めることはできないとした。

このように，本決定は，会社の同僚社員が抱く感情について，会社が社員への理解を促進させるようすべきであるとともに，取引先が抱く感情についても業務遂行上著しい支障を来すおそれがあるかどうかを十分検討すべきとの考えを示している。そして，申出従業員の意向を十分に聴取して，申出従業員と会社双方の事情を踏まえた適切な配慮をさせることが必要であるとの考えが示されている。

(3)　経産省事件[*3]

性同一性障害者である経産省職員は，上司らから，性別適合手術をして戸籍上の性別変更をするか，他の女性職員に性同一性障害者であることをカミングアウトしなければ，異動先において女性用トイレを使えない等の処遇を言い渡されていた。なお，当該職員は健康上の理由で性別適合手術をすることができない状態であった。

このような処遇等を撤回し，他の女性職員と平等な処遇にするよう求め人事院に行政措置要求手続を行ったところ，人事院が要求を認めない旨の判定をしたため，判定の取消訴訟，慰謝料等の国家賠償請求訴訟をそれぞれ提起した。これに対して裁判所は，「原告が女性トイレを使用するためには性同一性障害者である旨を女性職員に告知して理解を求める必要があるとの経済産業省当局による条件を撤廃し，原告に職場の女性トイレを自由に使用させる（との要求を認めないとした判定を取り消す)」と判示し，国の損害賠償責任を認めた。

判決は，個人がその真に自認する性別に即した社会生活を送ることができることは，重要な法的利益として国家賠償法上も保護されること，トイレが人の生理的作用に伴って必ず使用しなければならない施設であり，社会生活を送るにあたって不可欠のものであることから，真に自認する性別に対応するトイレの使用を制限されることは，当該個人が有する重要な法的利益の制約にあたること，原告が女性用トイレを制限なく使用するためには性別適合手術を受けるほかないから，本件処遇は，その意思に反して身体の侵襲を受けない自由を制約するという一面もあること等を指摘した。そのうえで，当該性同一性障害者である職員に係る個々の具体的な事情や社会的な状況の変化等を踏まえてその当否の判断を行うべきとし，本件では，原告が女性ホルモ

＊3　東京地判令和元年12月12日判タ1479号121頁（控訴審係争中。判決の詳細は第６部第１章「経産省事件」参照)。

ンの投与により性機能を喪失したと診断されていること，女性用トイレの構造からして性器等を露出するような事態が生ずるとは考えにくいこと，原告の行動様式や振る舞い，外見の点を含め，女性として認識される度合いが高いこと，2000年代前半までにMtFトランスジェンダーに制限なく女性用トイレを使用させている民間企業の例が少なくとも６件存在し，経産省はこれを把握できたこと，わが国においてトランスジェンダーの職場等におけるトイレ利用の問題を受けて，働きやすい職場環境を整えることの重要性が強く意識されるようになっていること，国民の意識や社会の受け止め方に相応の変化が生じていること，それは諸外国の状況から見て取れる傾向とも軌を一にしていることから，経産省が女性用トイレを制限し続けたことは，庁舎管理権の行使にあたって尽くすべき注意義務を怠ったものとして，国家賠償法上，違法であるとした。

国の主張に対しては，女性用トイレでの他の女性職員との間で生ずるトラブルのおそれについては抽象的なものにとどまり，多目的トイレの利用の推奨にも問題がある等として退けた。

［３］事例における検討

事例１　服装変更の申出への対応

当社には，「受付担当の従業員は，会社が指定する男女別の制服を着用すること」との服装規程があります。今般，受付担当の男性従業員から「自認する性別が女性であるので女性の制服を着用した上で勤務したい。」との申出を受けたのですが，当社はどのような対応をすべきでしょうか。

回 答

1 考慮のポイント

会社内であっても自認する性別に合った服装で働けるかどうかは人格的生存に関わることであり，業務上の制約がない限り尊重されるべきである。したがって，本事例において，当該従業員の受付担当という業務上，性自認に従った制服を着用することについて制約がないか，検討すべきである。検討においては，制約の有無，制約の内容と程度等を具体的に検討し，申出従業員との間で十分な話し合いを行い，可能な限り調整を行うことが必要である。

また，男女の別を前提とした制服の必要性を社内で検討し，男女の別のない制服を導入することで，申出に対応することも考えられる。

2 性自認に従った制服着用につき業務上の制約がない場合

検討の結果，性自認に従った制服を着用することに業務上制約がないと判断された場合，従前着用していた制服とは異なる制服で出勤することについて，他の従業員への説明が必要かどうかも検討することとなる。他の従業員への説明が必要である場合には，他の従業員への説明の理由や，どのように説明するのかを，申出従業員と十分に話し合う必要がある。他の従業員への説明について，まずは，LGBT に関する一般的な研修から始めて，他の従業員の理解を促進させながら，徐々に個別の説明を行うようにすれば進めやすい。これを会社内の LGBT に関する理解を深めるチャンスと捉えて，積極的に研修を行うべきである。

申出従業員との話し合いが不十分なまま，申出従業員の意思を無視して，会社の一方的な判断により，申出従業員の氏名を女性名へ変更させたり，他の従業員の前でカミングアウトさせることを強要してはならない。

3 業務上の制約の必要性が認められる場合

会社の受付担当は顧客や取引先等社外の者との窓口になる業務である

から，社内での事務にとどまる業務よりも「業務上の制約の必要性が高い」という判断に傾きやすい。

もっとも，S社事件決定は，社内の者が抱く違和感及び嫌悪感は，性同一性障害者の事情を認識し，理解するよう図ることにより，時間の経過も相まって緩和する余地があり，取引先や顧客が抱くおそれのある違和感及び嫌悪感は業務遂行上著しい支障を来すおそれがあるとは認められないと判断している。かかる決定を踏まえると「業務上の制約」の有無，内容を安易に認定してはならず，申出従業員が女性の制服を着用して業務に就いたときに，どのような場面に，誰との関係で，どのような問題が生じるのか，その問題は他の手段で解決できないのか等を具体的に検討すべきである。

その具体的な検討をした結果，性自認に従った制服を着用することに業務上の制約の必要性があると判断された場合，そのことを申出従業員へ説明する必要がある。その上で，申出従業員に対し，引き続き受付担当の業務を継続することを希望するのか，又は業務上制約の必要がないと考えられる他の業務への配置転換が許容できるかどうかをよく話し合う必要がある。このとき，申出従業員の意思を無視して，会社が一方的に他の業務への配置転換を命令するようなことがあってはならない。申出従業員の意思を可能な限り尊重しつつ，会社として考えられる業務上の制約を丁寧に説明し，選択肢をできるだけ提示し，申出従業員の理解を得ながら進めていくことが重要である。

また，申出の段階では，業務上の制約が存在しているとしても，その後，会社を取り巻く状況の変化によって，業務上の制約がなくなる可能性がある。したがって，業務上の制約がなくなる可能性があることを念頭において，申出従業員との対話を継続していくことが必要となってくる。

事例2　トイレ・更衣室使用変更の申出への対応

男性従業員から「自認する性別が女性であるので女性用のトイレや女

性用の更衣室を使用したい。」との申出を受けました。当社には男女別のトイレしか設置しておらず，更衣室は女性用の更衣室しか設置していません。会社はどのような対応をすべきでしょうか。

回 答

1 考慮すべきポイント

性別に即した社会生活を送ることは重要な法的利益であり，トイレが必ず使用しなければならない施設であって，社会生活を送るにあたって不可欠のものであることからすると，自認する性別に対応するトイレを使用したいと考えることは自然である（前掲＊３・経産省事件参照）。他方で，本事例のようにすでに男女別のトイレや更衣室が設置されている場合が多く，他の従業員が利用する際にどのように感じるのかという点にも配慮しなければならない。

例えば，トイレの設置状況や，会社がトイレの管理権を有しているかによっても判断は異なる。建物を賃借している場合のトイレの管理権者は建物の所有者や管理権者であるし，同じフロアにテナント借りをしている他の企業も同じトイレを使用している場合もあろう。

また，更衣室では利用者が衣服を着脱し，利用者が相互にその姿を目にする可能性がある場所なので，トイレの利用の検討に加えて更なる適切な配慮が求められる。

これに関して，パス度*4を考慮事情の１つにしてよいかは問題である。関連する下級審裁判例として，浜名湖カントリークラブ事件判決*5（トイレ・入浴施設の利用），前掲＊３・経産省事件（トイレ・休憩室の利用）がある。いずれのケースも，自認する性別での施設利用を認めた裁判例

＊４　トランスジェンダーが，自認する性別として社会から認識され，通用する度合いを指す用語である。例えば，MtF トランスジェンダーであれば，当人を周りがどの程度女性として認識するかという尺度である（第３部第３章［２］⑶［**事例４**］回答2参照）。

＊５　静岡地浜松支判平成26年９月８日判時2243号67頁，東京高判平成27年７月１日LEX/DB25540642。

であるが，判決文から見るにパス度の高いトランスジェンダーについてのものである。その意味で，一事例として下級審裁判例に参照する価値があるのは当然ながら，パス度の低いトランスジェンダーについては判断の射程外とみることもできる。何より人の外貌で処遇が異なることを許容する法律論や企業実務は社内外のトラブルを招来する危険があり，少なくとも企業対応の段階でパス度の低さによって取扱いに差を設けるべきではない。

2　トイレの利用について

ⓐ　自認する性別に合った利用を認める場合

当該従業員が女性用トイレを利用することにより，他の従業員から「不安を覚える」等の意見が出される可能性がある。その場合には，個人を特定しない形でLGBT研修を実施する等し，理解を促す必要がある。それでも他の従業員から異論が出された場合には，その他の従業員との個別の面談等を通じてさらに理解を求め，それと並行してトランスジェンダー従業員からもより丁寧に要望を聴き取って，職場環境の調整を続けていくべきである。

なお，本人から他の職員へのカミングアウトを条件として当該従業員の申出を受け付けるという対応をとってはならない。カミングアウトをするかどうかは，本人の自由であり，それを強制させることは別の人格権侵害にあたる。

ⓑ　自認する性別に合った利用を認めない場合

検討の結果，自認する性別に合ったトイレの利用を認めることが難しい場合には，代替的対応が可能かどうか，当該従業員と話し合いを重ねることが重要である。

国内外の企業のトランスジェンダーの従業員が自認する性別でのトイレ利用が認められ，そのことが世界的な潮流になっていることを踏まえると，申出を認めない理由が具体的かつ切実なものでなければ当該従業員との話し合いは難航し，訴訟リスクにつながるであろう（前掲＊3・経産省事件参照）。

そして，当該従業員が話し合いによって代替的対応をとることに納得した場合には，本事例においては，男女別のトイレしか設置していない，とのことなので，例えば，このうちの1つのトイレを，「誰でもトイレ」や，「個室トイレ」として改修することが考えられる。ただし，このような対応は，あくまでも代替的な対応であり，本来的な解決になっていないという点を自覚しておかなければならない。

また，当該従業員の申出段階では，自認する性別に合ったトイレの利用を認めることができない事情があったとしても，社内のLGBT研修の実施や会社を取り巻く環境の変化によって，自認する性別に合ったトイレの利用を認める状況へ変わる可能性もある。そのことを踏まえて，当該従業員との対話を継続していくべきである。

3　更衣室の利用について

ⓐ　自認する性別に合った利用を認める場合

更衣室は従業員が身体を露出する場面が多い場所であるとしても，当該従業員が性別適合手術を受けることを条件として，自認する性別に合った利用を認める，といった対応をしてはならない。健康上の理由で性別適合手術が受けられない場合や，性別適合手術まで受けたくないと考える場合もあるからである。そのような考えを無視して，一方的に性別適合手術を受けることを勧めた場合，別途の問題として当該従業員に対する人格権侵害にあたる。

ⓑ　自認する性別に合った利用を認めない場合

個々の事情に鑑みて本人の要望を受け入れることが難しい場合，代替的対応が可能かどうか，当該従業員と話し合いをしながら進めていく必要がある。代替的対応として，例えば，利用時間を限定して，他の利用者と同時に利用できないようにすることや，個室のような更衣室を設けることが考えられる。このような対応は，トイレの場合と同様，あくまでも代替的な対応であり，本来的な解決になっていないという点を自覚しておかなければならない。

また，現段階で利用を認めることが困難であっても，他の従業員への研修等を通じて，周囲の理解が変化すれば，将来的に自認する性別に合った更衣室の利用を認めることについて他の利用者の不安を払拭することができる可能性がある。そのため，本来的な解決に向けて会社は引き続き，当該従業員との対話を継続し，対応を検討すべきである。

なお，利用を制限する理由として，他の利用者への性暴力の危険を持ち出すことは論外である。仮に社内に性暴力の危険に言及する者がいれば，LGBT 研修に加え，セクシュアルハラスメント防止のための措置や研修を強化すべきであろう。

事例３　社員寮変更の申出への対応

男性従業員から「自認する性別が女性であるので女性寮へ変更したい。」との申出を受けました。会社の寮は各部屋に鍵がかかるようになっており，トイレも個室です。しかし，風呂は共同風呂になっています。会社はどのような対応をすべきでしょうか。

回　答

1　考慮のポイント

社員寮は，従業員が私生活を送る場所でもあるため，自認する性別とは異なる男女別の寮を割り当てられた場合の本人の精神的苦痛は大きい。

その一方，共同風呂は利用者が裸になり，利用者が相互に裸を目にする場所なので，トイレや更衣室とは異なる対応が考えられる。

2　自認する性別に合った利用を認める場合

当該従業員が性別適合手術を受けている場合には，共同風呂の他の利用者が不安を覚えることは少ないと思われる。そこで，このような場合には，当該従業員の申出のとおり，自認する性別の寮へ変更することを認めてもよいと思われる。

他方で，当該従業員が性別適合手術を受けていない場合，性別適合手術を受けることを条件として自認する性別に合った利用を認める，といった対応をしてはならないことは，更衣室の利用のときと同様である。

3 自認する性別に合った利用を認めない場合

当該従業員が性別適合手術を受けていない場合には，共同風呂の利用について他の従業員の理解を得ることは困難である。そこで，寮変更に代わる対応が可能かどうか，当該従業員と話し合いをしながら進めていく必要がある。代替的対応として，例えば，更衣室と同様，利用時間を限定して，他の利用者との同時利用を回避することが考えられる。

また，時間を限定しての利用も困難な場合には，別に当該従業員のために借り上げ社宅を準備する方法も考えられる。しかし，このような対応も本来的に当該従業員の希望する対応ではないことに留意する必要がある。他の従業員への研修等を通じて，周囲の理解が変化すれば，将来的に自認する性別に合った寮の利用を認めることについて他の利用者の不安を払拭することができる可能性がある。そのため，本来的な解決に向けて会社は引き続き，当該従業員との対話を継続しながら，対応を検討すべきである。

事例4 健康診断の性別区分変更の申出への対応

当社では定期健康診断を男女別の集団健康診断の方法で行っていますが，ある従業員から「私はトランスジェンダーなので，男女別の集団健康診断を受けることには抵抗があり，健康診断を受けたくない。」との申出を受けました。会社はどのような対応をすべきでしょうか。

回 答

1 考慮のポイント

事業者である会社は，労働者に対して，医師による健康診断を実施しなければならない（労安衛66条）。健康診断の実施方法としては，会社で男女別の集団健康診断を実施する場合もある。このような男女別の集団健康診断では，男女で健診日や健診場所，健診項目が異なるため，トランスジェンダーの当事者は自認する性別での健康診断を受けたいと考えたり，男女別の集団健康診断を受けたくないと考える場合もある。特に，トランスジェンダーの多くがホルモン治療を行っているが，例えばMtF トランスジェンダーは女性ホルモンの投与により乳がんのリスクがある等，自認する性別での健康診断を受ける必要性もある。

２　他の健康診断の実施方法を検討する

当該従業員の申出を検討するにあたり，男女別の集団健康診断以外の方法で，当該従業員に健康診断を受けさせることを検討すべきである。労働安全衛生法66条５項では，労働者は事業者が行う健康診断を受けなければならないと規定されている一方で，事業者の指定した医師が行う健康診断を受けることを希望しない場合には，他の医師の行う健康診断に相当する健康診断を受け，その結果を証明する書面を事業者に提出することが認められている（同項ただし書）。そこで，男女別の集団健康診断に代えて，当該従業員が希望する他の医療機関において，健康診断の受診を認めることが考えられる。

３　性自認に従った男女別集団健康診断の希望への配慮

他方，トランスジェンダーの従業員から，性自認に従った男女別集団結構診断を受けたいとの申出があった場合は，どうすべきだろうか。

かかる希望がトランスジェンダー当事者から出された場合の合理的配慮の内容については，トイレ・更衣室のケースに準じて考えるのがよいと思われる。すなわち，健康診断会場では衣服を着脱する場面があることから，他の従業員から苦情が出る可能性がある。しかし，そのことのみを理由に希望を認めないことは問題であり，健康診断会場での更衣スペースに間仕切りをする等の工夫を検討すべきである。

◆

第6章 育児・介護休業法

[1] 育児休業・育児短時間勤務

(1) 育児・介護休業法の規定

「育児休業，介護休業等育児又は家族介護を行う労働者の福祉に関する法律」（育児・介護休業法）は，労働者が原則としてその１歳に満たない子を養育するためにする休業を認めており（育介５条１項），事業主は，育児休業の申出ができる労働者から育児休業申出があったときは，原則としてこれを拒むことはできない（育介６条１項）と定めている。

育児・介護休業法上，育児休業等の対象となる「子」の範囲は，①法律上の親子関係がある子（養子を含む），②特別養子縁組のための試験的な養育期間にある子，③養子縁組里親に委託されている子，④当該労働者を養子縁組里親として委託することが適当と認められているにもかかわらず，実親等が反対したことにより，当該労働者を養育里親として委託された子，と定められている（育介２条１号，育介則１条）。

したがって，同性パートナーが出産した子は，養子縁組により養子となっていない限り，育児休業等の対象となる「子」に該当しない。

(2) 就業規則・育児休業規程

事例1　同性パートナーの出産に伴う育児休業の申出への対応

同性パートナーが出産したために，育児休業を申し出た従業員がいます。

当社の育児休業規程では「育児のために休業を希望する従業員であって，１歳に満たない子〔(1)法律上の親子関係がある子（養子を含む），(2)特別養子縁組の監護期間中の子，(3)養子縁組里親に委託されている子，(4)労働者を養育里親として委託された子，(5)配偶者の子〕と同居し，養育する者は，申出により，育児休業をすることができる。」と定められています。

当社では，再婚相手の連れ子のための育児休業を「(5)配偶者の子」にあたるものとして認めたことはありますが，同性パートナーの子のための育児休業申出がされたのは初めてです。この従業員の育児休業申出を拒むことはできるでしょうか。

回　答

設問のようなケースとしては，レズビアンカップルの一方が精子提供を受けて出産したようなケースや同性パートナーに連れ子がいたようなケースが考えられる。上記(1)のとおり，同性パートナーが出産した子は，養子縁組により養子となっていない限り，育児休業等の対象となる「子」に該当しないため，設問の従業員の育児休業申出を拒んでも育児・介護休業法には反しないと考えられる。

しかし，現実に同性パートナーが出産した子を養育する従業員にとって，養育の実態は法律婚又は事実婚の異性パートナーの場合と同じであるにもかかわらず，育児休業について異なる取扱いを受けることは不公平であると感じられ，労働意欲に悪影響を及ぼすことが懸念される。このような事態は企業にとっても好ましいものとはいえない（生産性向上・離職防止の見地）。

育児・介護休業法は，「子の養育又は家族の介護を行う労働者等の雇用の継続及び再就職の促進を図り，もってこれらの者の職業生活と家庭生活との両立に寄与することを通じて，これらの者の福祉の増進を図り，あわせて経済及び社会の発展に資することを目的とする。」（育介1条）と定め，厚労省は同法における制度を「各事業所においてより広い内容の制度とすることは望ましいものです。」としている[*1]。

したがって，各企業が裁量により育児休業の対象となる子の範囲を育児・介護休業法より広げ，同性パートナーが出産した子も含め，性的マイノリティの従業員が働きやすい制度を構築することは，厚労省の考えにも沿うものである。

設問の会社の育児休業規程は，「配偶者の子」のための育児休業を認めており，育児・介護休業法より広い内容の育児休業制度となっている。「配偶者の子」は，法律婚をした異性パートナーの連れ子等が考えられるが，法律婚をしていない事実婚状態の異性パートナーの子や，同性パートナーの子についても「配偶者の子」に含まれると解釈することも可能と考えられる。

性的マイノリティの従業員が働きやすい制度を構築する観点からすると，同性パートナーが出産した子のための育児休業を認めることが望ましい。

育児休業の対象となる子の範囲に同性パートナーが出産した子を含めることを明らかにする就業規則又は育児休業規程の例としては，「配偶者（異性であるか同性であるかを問わず，事実上婚姻関係と同様の事情にある者を含む）の子」等と記載することが考えられる。

⑶　育児短時間勤務

育児・介護休業法は，事業主は，３歳までの子を養育する労働者であって現に育児休業をしていないものに関して，１日の所定労働時間

＊1　厚生労働省都道府県労働局雇用環境・均等部（室）「育児・介護休業法のあらまし（令和３年１月１日施行対応版）」15頁（https://www.mhlw.go.jp/content/11909000/000355354.pdf）。

を原則として6時間とする措置を含む所定労働時間の短縮措置を講じなければならないと規定している（育介23条1項，育介則74条1項）。

育児・介護休業法上，育児短時間勤務の対象となる「子」の範囲も，育児休業の対象となる「子」の範囲と同一であり（育介2条1号，育介則1条），同性パートナーが出産した子は，養子縁組により養子となっていない限り「子」に該当しない。

しかし，育児休業の場合と同様（前記⑵），各企業が裁量により育児短時間勤務の対象となる子の範囲を育児・介護休業法より広げ，同性パートナーが出産した子も含めることが望ましい。

⑷ パートナー関係の確認資料

育児休業及び育児短時間勤務の対象となる「子」の範囲に同性パートナーが出産した子を含める場合には，同性パートナーが従業員の「配偶者」に該当するか否かの確認方法を検討しておく必要がある。

この確認方法としては，異性パートナーの事実婚の場合と同様に，①住民票の写しにより同一住所であることを確認することが基本である。

その他にも，②自治体が発行するパートナー証明書や，③結婚式や結婚報告に関する書類でも「配偶者」であることの確認は可能である。しかし，パートナー証明書を発行する自治体は一部にすぎない。また，結婚式を行ったり，結婚報告を行うカップルは限られており，むしろ現状では，ひっそりと婚姻生活を開始するカップルのほうが多いと思われる。このように，②，③の資料は，各々提出できる者が限られており，②，③のような資料が提出できる場合に限って「配偶者」とするのでは，限定しすぎといえる。近時は，自動車保険の適用範囲としての「配偶者」や生命保険の「配偶者」に同性パートナーを含むようになってきており，④「パートナー関係に関する自認書」の提出により「配偶者」であることを確認する，といった保険会社の取扱いも参考になる。

いずれにしても，偏見等を恐れてLGBTであることをひた隠しにする当事者が多い中，カミングアウトしてまで育児休業及び育児短時間勤務の申請をする必要に迫られた従業員の心情には十分配慮する必要があり，格別に疑念を抱くような事情がなければ，過度に資料を要求することは慎まなければならない。

(5) 企業の取り組み

報道等によれば，以下の企業が就業規則上の「配偶者」の定義の改定等により同性パートナーも配偶者に含むことを明確にし，同性婚についても育児制度を含む福利厚生制度の対象としている（報道等に接した一部企業のみ掲載したものである）。

株式会社アシスト　株式会社アダストリアグループ　株式会社アドウェイズ
EY Japan　AIGジャパン・ホールディングス株式会社
株式会社エイチ・アイ・エス　NTTグループ
株式会社オリエントコーポレーション　カルチュア・コンビニエンス・クラブ株式会社
KDDI株式会社　コカ・コーラ　ボトラーズジャパン株式会社
ゴールドマン・サックス証券株式会社　さくらインターネット株式会社
株式会社資生堂　ソニー株式会社　ソフトバンク株式会社
積水ハウス株式会社　損害保険ジャパン株式会社　田辺三菱製薬株式会社
株式会社電通　日本アイ・ビー・エム株式会社
日本電信電話株式会社（NTTグループ）　野村ホールディングス株式会社
パナソニック株式会社　株式会社ベルシステム24ホールディングス
株式会社ミクシィ　ヤフー株式会社　ラクサス・テクノロジーズ株式会社
楽天株式会社

［2］ 介 護 休 業

(1) 育児・介護休業法の規定

育児・介護休業法の介護休業とは，「要介護状態にある対象家族を介護するためにする休業」であり（育介2条2号），その「対象家族」の範囲は，①配偶者（婚姻の届出をしていないが，事実上婚姻関係と同様の事情にある者を含む。以下同じ），②父母，子，祖父母，兄弟姉妹及び孫，③配偶者の父母，と定められている（育介2条4号，育介則3条）。

育児・介護休業法は，「労働者は，その事業主に申し出ることにより，介護休業をすることができる。」（育介11条1項本文）としており，事業主は，介護休業の申出ができる労働者から介護休業申出があったときは，原則としてこれを拒むことはできない（育介12条1項）。

介護休業の主な内容としては，介護休暇（対象家族1人に3回・通算93日まで），所定外労働の制限（1月以上1年以内の期間・回数制限なし），就業場所の変更を伴う配置の変更における配慮などが定められている。

(2) 育児・介護休業法上の義務

事例2　同性パートナーを介護するための介護休暇取得申請への対応

当社の従業員から，20年間一緒に暮らしてきた同性パートナーが脳梗塞により介護を要する状態となったということで，介護休暇取得の申請がありました。

当社は，この従業員の介護休暇を認めなければならないでしょうか。

回　答

上記(1)のとおり，介護休業の「対象家族」となる配偶者は「婚姻の届出をしていないが，事実上婚姻関係と同様の事情にある者を含む」と規定されていることから，少なくとも，事実婚の異性パートナーや当該パートナーの父母を介護するための休業も，育児・介護休業法上の介護休業となることは異論がない。この「事実上婚姻関係と同様の事情にある者」に同性パートナーが含まれるか否かが問題となる。

この点，「事実上婚姻関係と同様の事情にある者」との文言から，同性パートナーが排除されると判断する合理的根拠は見当たらない。そして，厚生労働省も，当該規定について同性パートナーへの適用を排除するものではないとの見解を示している＊2。

したがって，同性パートナーを介護するための介護休業申出に対し，「同性である」というだけで対象家族（配偶者）と認めず，介護休業の申出を拒むことは，育児・介護休業法12条１項違反に該当するおそれがあると考えられる。

設問の会社においては，その従業員と同性パートナーとの関係が「事実上婚姻関係と同様の事情にある」かどうかを確認し，婚姻関係と同様の事情にあると認められた場合には，その従業員の介護休暇を認めなければならないと考えられる。

(3) 就業規則・介護休業規程

介護を要する家族を現実に抱えて介護を行う従業員にとって，その介護の負担や，仕事と介護を両立させるための体制を整える必要性は，法律婚又は事実婚の異性パートナーであろうと，同性パートナーであろうとまったく変わりはない。それにもかかわらず，上記［事例2］のようなケースで従業員が介護休業について法律婚等と異なる取扱いを受けるとすれば，不公平であると感じ労働意欲に悪影響を及ぼすのみならず，介護との両立ができず退職に追い込まれることも懸念される。このような事態は企業にとっても好ましいものとはいえない（生産性向上・離職防止の見地）。

＊2　厚生労働省雇用環境・均等局職業生活両立課法規係への問合せに対する2021年４月23日電話回答。

上記［１］(2)と同様に，厚労省は介護休業に関し「法の内容を上回るような制度を定めることは自由であり，事業主に対しても，そのような努力が求められています」としており*[3]，各企業が「事実上婚姻関係と同様の事情にある者」には同性パートナーを含むものとして運用することは，厚労省の考えにも沿うものである。

介護休暇・介護短時間勤務の対象となる「対象家族」としての「配偶者」に同性パートナーを含めることを明らかにする就業規則又は介護休業規程の例としては，「配偶者（異性であるか同性であるかを問わず，事実上婚姻関係と同様の事情にある者を含む。以下同じ。）」と記載することが考えられる。

(4)　パートナー関係の確認資料

介護休暇・介護短時間勤務の対象となる「対象家族」としての「配偶者」に同性パートナーを含める場合には，同性パートナーが従業員の「配偶者」に該当するか否かの確認方法を検討しておく必要がある。

その確認方法等については，上記［１］(4)を参照されたい。

(5)　企業の取り組み

上記［１］(5)のとおり，多数の企業が就業規則上の「配偶者」の定義の改定等により同性パートナーを「配偶者」に含めることを明確にし，同性パートナーについても介護休暇等の制度の適用対象としている。

◆

＊3　前掲＊1・「育児・介護休業法のあらまし（令和3年1月1日施行対応版）」45頁（https://www.mhlw.go.jp/content/11909000/000355354.pdf）。

第7章 福利厚生

[1] 福利厚生制度

法律により定められた福利である社会保険等のほか，法定外福利，すなわち任意の福利厚生制度を置く企業は多い。福利厚生制度は，住宅関連，健康・医療関連，育児介護支援関連，慶弔・災害関連に大別され，住宅手当，家賃補助，社宅提供，健康診断費用補助，託児施設の提供，育児補助金，慶弔・災害見舞金等がある。本章では，この任意の福利厚生制度について取り上げる。

[2] 慶弔見舞金制度

(1) 慶弔見舞金の支給

慶弔見舞金は，従業員やその家族の慶事（結婚や出産などの祝い事）や弔事（葬儀等）等に際して，企業が支給する祝金・見舞金をいう。慶弔見舞金の支給は法律上の義務ではないが，各企業が慶弔見舞金規程等の社内規定によってルールを定めていることが一般的である。企業によって内容は異なるが，結婚祝金や出産祝金，死亡弔慰金，傷病見舞金，災害見舞金等が一般的に認められる。

事例1　同性パートナーと結婚したとして結婚祝金の支給申請があったとき

当社の従業員が，この度，同性パートナーと結婚し同居を開始したとして結婚祝金の支給を受けられないかと相談してきました。当社には慶弔見舞金規程があり，結婚した従業員には広く利用されているのですが，同性パートナーのケースについては前例がありません。当社はどのように対応すべきでしょうか。なお，当社では以前，約5年間，事実婚の状態を続けている従業員から結婚祝金の支給を受けられないかと相談を受けたことがありますが，そのときは事実婚のままでは支給は認められないとして断っています。

回　答

設問の会社においては，慶弔見舞金規程があり，結婚した従業員に対する結婚祝金の支給が認められているが，同性パートナーとパートナー関係となったことを理由とする結婚祝金の申請を認めるべきだろうか。

設問のようなケースで従業員が法律婚のケースと異なる取扱いを受けるとすれば，不公平であると感じ労働意欲に悪影響を及ぼすことも懸念される。しかし，慶弔見舞金の支給は，法律上の義務によるものではなく，あくまで企業の裁量によって設けられる福利厚生制度の1つにすぎないので，その制度の運用にあたっても基本的には当該企業の裁量が広く認められるべきものと考えられる。特に，設問の会社においては，以前に事実婚状態の従業員からの申請を断ったことがあるとのことであるから，そのようなケースとの均衡を考慮し，同性パートナーのケースについても申請を認めないという運用は十分ありうる。

このように，福利厚生制度を法律婚のみに適用する運用は不合理とはいえないが，法律婚と事実婚による線引きは，慶弔見舞金の支給・不支給のみならず，慶弔休暇制度の適用，すなわち結婚休暇，出産休暇，忌引き休暇の取得可否も併せて問題となることが多いと考えられ，法律婚と事実婚では，適用される福利厚生制度が大きく異なることとなる。

結婚に対する価値観が多様化し，必ずしも法律上の結婚の形式をとらないカップルが増えていることも踏まえれば，従業員が働きやすい制度を構築する観点からは，異性婚における事実婚のケースとあわせて，同性パートナーのケースに対しても，結婚祝金その他の慶弔見舞金を認めることが望ましい。他方，慶弔見舞金の支給対象に事実婚を含めつつ，同性パートナーの場合は支給対象外とする企業においては，制度運用について企業の裁量が広く認められるとはいえ，日本の人口の８％ともいわれる[*1]性的マイノリティの割合，性的マイノリティを巡る社会全体の認識の変化を考えると，今後の運用の改善が強く望まれる。

⑵　就業規則等の例

結婚休暇や結婚祝金支給事由としての「従業員の結婚」に同性パートナーを含めることを明らかにする就業規則又は慶弔見舞金規程の例としては，「従業員の結婚（異性であるか同性であるかを問わず，事実上婚姻関係と同様の事情にある場合を含む。）」と記載することが考えられる。また，忌引き休暇，出産祝金や弔慰金の支給事由としての「配偶者の出産」「配偶者の死亡」等に同性パートナーを含めることを明らかにする就業規則又は各種規程の例としては，「配偶者（異性であるか同性であるかを問わず，事実上婚姻関係と同様の事情にある者を含む。）」と記載することが考えられる。

＊1　立法と調査394号「LGBT の現状と課題－性的指向又は性自認に関する差別とその解消への動き」（https://www.sangiin.go.jp/japanese/annai/chousa/rippou_chousa/backnumber/2017pdf/20171109003.pdf）。

[3] 社宅制度

事例2 同性パートナーと一緒に社宅へ入居したいとの申出があったとき

当社の従業員が，同性パートナーとともに来月部屋が空く予定の当社のファミリー向けの社宅に入居したいと申し出てきました。当該従業員は，現時点ではその同性パートナーと同居を開始しておらず，パートナーとしての関係が始まったのもごく最近のことのようなのですが，当社はどのように対応すべきでしょうか。

回答

福利厚生の一環として社宅制度を導入している企業は多数に上る。従業員にとっては安い賃料で住まいを確保することが可能になる一方で，社宅費用は福利厚生費に計上できるので，企業にとってもメリットの多い制度といえる。社宅には企業自身が保有しているものと，企業が所有者から借り上げているもの，また，ファミリー向けの社宅や単身者向けの社宅等の種類がある。

企業の社宅制度も，上記［2］の「慶弔見舞金」と同様，法律上の義務によるものではなく，あくまで企業の裁量によって設けられる福利厚生制度の1つにすぎないので，その制度の運用にあたっても基本的には当該企業の裁量が広く認められるべきものと考えられる。そのため，法律婚，あるいは異性婚（事実婚を含む）に限定した制度として運用することも不合理とはいえない。

しかし，仮に，同性婚の場合には社宅の使用を認めないとすれば，当該従業員は，自ら住居を借りるなどする必要があり，異性婚に比べて経済的負担が重くなる。性的マイノリティの従業員にも働きやすい制度を構築する観点からは，同性婚の場合にも社宅への入居を認めることが望ましい。

もっとも，設問の従業員の場合，同性パートナーとまだ同居を開始しておらず，パートナーとしての関係が始まったのもごく最近のことであるとされている。パートナーとしての実態がないケースについては配偶者として社宅制度の利用を認める必要はないため，こうした場合に，どのような確認資料の提供を求めるかについても規程を整備しておく必要があると考えられる。

［4］ 福利厚生に関する企業の取り組み

比較的古いものでは，日本アイ・ビー・エム会社において，2011年より結婚祝金制度を改定して，法律婚だけでなく，同性婚を含めた事実婚も支給対象としている。近年では，株式会社ダイバース（2014年），日本マイクロソフト株式会社（2015年），ソニー株式会社，第一生命保険株式会社（2016年），NTTグループ，株式会社ファーストリテイリング（2018年），日産自動車株式会社，株式会社ベルシステム24ホールディングス（2019年），株式会社エイチ・アイ・エス（2020年）等が結婚祝金制度の対象に同性婚のケースを含めている。また，報道等によれば，これらの企業の多くが，社宅制度も同性婚に適用し，同性パートナーを家族として認めることとしている。その他，様々な福利厚生制度（慶弔休暇，住宅手当，福利厚生施設の利用等）について，適用対象を同性パートナーに広げる取り組みが広がっている。

◆

第４部

ビジネスにおける LGBT

第1章　はじめに

第３部「各論編」では，従業員がLGBT当事者であった場合の，主に労働問題について検討してきたが，企業がLGBTの問題に直面する場面はそれだけではない。

企業の対外的な活動，すなわち取引先や顧客，消費者等との関係で，LGBTに関わる問題がある。第４部では，これまであまり表立って論じられてこなかったLGBT向けの商品の問題を，商品企画例等を紹介しながら整理する。

次に，企業が作成する映像等，企業CMやコンテンツの中にLGBTが現れる場合を紹介し，制作上の注意点を述べる。

なお，第４部における考察はマジョリティ側に立つ，特にLGBTに関わる問題を意識してこなかった企業や社員を念頭におくものであり，LGBT当事者に意識的な企業が提供する当事者コミュニティで利用されるサービス，商品等にはあてはまらない考察であることに留意されたい。

◆

第２章　LGBT当事者がいる社会——取引先や顧客との関係

[1]　LGBT当事者に不寛容な取引先への対応方法

(1)　取引先と従業員の双方へのアプローチ

取引先にLGBT当事者を快く思わない関係者がいた場合に企業はどのような対応を行うべきか。

取引先に対する十分な説明を行った上でも取引先から「同性愛者の従業員を派遣しないでほしい」等と言われた場合には，当該従業員を配置換えするかどうか，労働者側の不利益の有無・程度，取引先との関係，取引経緯，売上規模，取引先の代替性等を考慮して判断せざるを得ない（第３部第２章［**事例２**］「社外に起因する配置転換」参照）。

そうすると，取引先を失ってでもダイバーシティ・ポリシーを守る姿勢を貫けるかどうかは，その取引の大きさや企業の体力にもよる，という見方もあるであろう。

しかしながら，Ｓ社事件決定（第３部第５章［**2**］(2)参照）を想起されたい。Ｓ社事件決定は，「社内の者が抱く違和感及び嫌悪感は，性同一性障害者の事情を認識し，理解するよう図ることにより，時間の経過も相まって緩和する余地があり，取引先や顧客が抱くおそれのある違和感及び嫌悪感は業務遂行上著しい支障を来すおそれがあるとは認められない」と判断した。同決定は性自認（及び性表現）に関わる事案であったが，この判旨から考えると，単に大口の取引先を失うわけにはいかないという理由だけで同性愛者の従業員の派遣を取りやめることは難しい。企業が同性愛者の従業員を派遣し続けた場合に，取引を打ち切られるほどの影響があるのか，それとも取引先の担当者個人レベルの問題であるのか等，業務上どのような支障が生じるのか子細に検討する必要がある。

また，大企業では取引先にもLGBT研修を行っているところもあり，取引先であっても，企業の働きかけにより時間の経過と相まって違和感や嫌悪感は緩和していく余地もある。

一方，従業員を取引先からのハラスメントから守るため，従業員に引き続きその取引先の担当を希望するかどうかも確認する必要がある。もっとも，従業員から希望しない旨の言質を取るような対応があってはならないのは当然である。

そうすると，取引先と当該従業員のいずれに対しても丁寧に「適切な配慮」の在り方を模索し，その過程を残しておくことが重要である。

(2)　問題の波及効果

取引先に対する会社の対応は，取引先との関係にとどまらない問題に発展しうることも忘れてはならない。

仮に取引先の要望に応じて従業員の配置転換を行った場合，その従業員のモチベーションに影響する。企業は，取引先との衝突の原因が，LGBT当事者への理解の有無であり，同性愛者の従業員の側に落ち度はないという事実を正しく認識し，その旨を当該従業員に伝え，そして取引先との関係を優先せざるを得なかった事情と，理解を促す努力を丁寧に試みたことを説明すべきである。

そして，取引先との関係を優先したというその表面的な情報だけが広まると，LGBT当事者であってもなくてもその企業の他の従業員のモチベーションに影響する。したがって，問題の経緯や企業側が行った対応を丁寧に記録化し，当該従業員のアウティングにならないように留意しながら，必要な場合にはその情報を社内で共有し研修資料にも活用すべきである。

さらに情報がインターネット上で拡散された場合には，企業評価に関わる問題に発展する。企業側の対応を記録化し，きちんと説明できるようにしておくことはこのような場合にも役立つ。

⑶　取引先への対応事例

(a)　米国企業の例

米国大手広告代理店は，大手化粧品ブランドと100年以上にわたって続いてきた代理店契約を終了することを発表した。報道によれば，広告代理店側が２人の男性が手を取り合うイメージの広告を提案した際，ブランド側が「我々はゲイは扱わない」と断ったことが理由であるという。この報道は，広告代理店のCEOがダイバーシティ・ポリシーを優先したとして肯定的に受け止められている。

一方，米国大手システム開発財団のCEOは，同性婚に反対する政治団体に寄付をしていたことが発覚し，就任から10日で辞任することを余儀なくされた。

(b)　企業評価への影響

このような潮流は，日本も無関係ではない。SDGsはその前文で，「誰一人取り残さない」と誓約して，「ジェンダー平等」，「働きがい」，「不平等をなくそう」を目標として挙げている。LGBTに対する考え方や姿勢も企業評価の１つとなり，日本企業の経営陣の考え方や立場は今後ますます注目されていくと思われる。LGBTと同じマイノリティの問題として，Black Lives Matter運動（黒人差別に対する抗議運動）を支持していた米国アマゾン社CEOが，同運動に反対する者からCEOを中傷するメールを受け取った。このことを受けて同CEOが

「私はあなたのような顧客を喜んで失う」とインスタグラムに投稿したことが評価され，同社はさらに顧客を増やしたと報道されている。

このように，LGBTへの理解が進まない取引先と摩擦が生じそうになった場合，企業評価の問題に発展することも想定して対応すべきであるが，その摩擦の端緒を最初に発見できるのは，大抵，現場の従業員であり，初期対応を行うのも現場の従業員である。企業のトップがいかに明確な姿勢をもっていても，現場の従業員の行動に現れなければ意味がない。従業員の一人ひとりが問題に対する感度を高くし，問題が大きくなる前に現場の状況が企業内で共有されるような体制を敷くことも肝要である（そのためにトップメッセージや企業としてのダイバーシティポリシーの策定と周知が重要であることはいうまでもない）。

［2］　顧客としてのLGBT

(1)　すべての企業の顧客にLGBTがいること

(a)　自社の商品・サービスを見直してみる

LGBT当事者を顧客対象としているつもりがなかったとしても，当事者が購買層に含まれている。世の中にあるほぼすべての商品・サービスはLGBTと無関係ではない。すなわち，顧客がLGBT当事者であることを想定しなくとも，顧客にLGBT当事者は必ず存在しているのであり，常に想定される顧客の属性の1つとして捉えておかなければならない。

したがって，企業は今すでに販売している商品やサービスであっても，LGBT当事者に利用しづらいものになっていないか今一度点検する必要がある。

性別を限定した商品・サービスは業種を超えて様々な形で存在しているが，例えば，レストランやホテルの「女子会プラン」・「カップルプラン」・「女性向けセミナー」，女性限定のマンションやホテル，男性限定のエステサロンやフィットネスジム，男女別の施設で提供するサービス等である。

(b)　トランスジェンダーの顧客対応

トランスジェンダー女性を含むグループがレストランの女子会プランに申し込んだとき，事業者はどのように対応すべきであろうか。このような場合の法令上の規定はないため各事業者の判断に委ねられているが，サービス利用者の性別を限定することの本来の狙いに立ち返り，例えば，「平日昼間の比較的客数の少ない時間帯を女性同士の親睦に役立ててもらいたい」とか，「女性が好みそうな料理やサービスを提供して販売を促進する」という狙いなのであれば，トランスジェンダー女性を対象から除外する必要はないであろう。

ここで，仮に「女性限定のボディマッサージ」を行う事業者がいたとして，トランスジェンダー女性の顧客を想定していなかった場合，トランスジェンダー女性が来店したらどのような事態になるだろうか。

入り口のスタッフは，客の外見外貌によって女性ではない，と考え，サービスの提供を断るかもしれない。性別の確認のために身分証明書の提示を求めるというのもありがちな対応である。

しかしながら，このような対応は様々な問題を孕んでおり，顧客と衝突する原因となる。外見から性別を判断すること自体の問題，外見から女性に見えればサービスを受けられるのかという問題，シスジェンダーの女性はどのような外見であってもサービスの提供を断られることはなく，身分証の提示を求められないという対応の違い等が現場で紛糾した場合，即座に顧客が納得する説明を行うことはほぼ不可能である。

トランスジェンダー当事者には自身の身体的特徴に悩む者も少なくない。第二次性徴を過ぎてから性別適合のためのホルモン治療を開始した場合，すでにできあがった骨格や体つきを変えることは難しい等，様々な事情がある。事業者側がそのような事情を想起することなく，生物学上の性別のみに基づく応対をした場合には，人格権侵害を理由として顧客の側から損害賠償請求をされる可能性もある（民709条・710条・715条。その他男女別施設（トイレや更衣室等）については第3部第5章［**3**］の［**事例2**］を参照）。

このような顧客とのトラブルは，その顧客を失うだけにとどまらず，インターネット等を通じて拡散された場合のレピュテーションリスクは計り知れない。

(c)　顧客対応の準備

商品企画の段階はもとより，すでにそのような商品を販売している場合であっても，今一度，性別を限定することの意味，狙い，効果やそのリスクを吟味し，仮に性別を限定した商品・サービスを販売するのであれば，上に述べたような場面での対応方法も事前に丁寧に検討し，スタッフに周知しておく必要がある。

現在，企業で行われているLGBT研修の多くが，企業内部の問題（社員のカミングアウトやSOGIハラ防止等）に焦点をあてたものだと聞くが，LGBT当事者である顧客との対応方法等についても予め対応を協議し，社員研修をしておくべきである。

(2)　LGBT向けに特化した商品開発

(a)　LGBT向け商品の広がり

日本では，東京都渋谷区が同性パートナーシップ証明書の発行を開始した2015年前後からLGBT向け商品やサービスが登場するようになった。

例えば，同性婚ウエディング事業，生命保険金受取人を同性パートナーに指定できる生命保険契約，同性パートナーと一緒に組める住宅ローン契約等がある。特にトランスジェンダー向けの商品としては，自認する性別らしいシルエットを作る補正下着等が商品化されている。これらは，これまで当事者が利用できない，使いづらいといわれていた商品・サービスが見直されて登場したものである。

このほか，LGBT 当事者を顧客に絞った職業紹介事業，不動産事業，老後生活支援等などがある。このような事業は，特に顧客に提供するサービス自体はマジョリティ向けのものと変わりがないものの，事業者は顧客がLGBT 当事者であることを想定し，よくある困りごと等に精通しているため，LGBT 当事者であることやそれによる困難をいちいち伝えなくともスムーズに相談ができ，安心してサービスが受けられることがサービスの差別化になっている。例えば，不動産仲介業者のケースでいえば，同性同士のカップル客に，同性同士のカップルでも入居が拒まれないことを確認済みの物件を紹介する，といった工夫である。

ファッション業界に目を向けると，「ジェンダーフリュイド」（性別を定義せず，その時々によってさまざまな性別を行き来する考え方のこと）と表現され，男性服・女性服の垣根を作らない商品開発が1つの流行となっており，美容業界にも波及している。このような商品やブランド展開は，LGBT 当事者だけを対象とするものではないが，結果として，自身の生物学上の性にとらわれず，性表現の自由や性自認に基づいてファッションや美容を楽しむことができるため，LGBT 当事者が購入しやすい商品となっている。

(b)　LGBT 向け商品・サービス企画上の注意

(ア)　LGBT ツーリズムの例

LGBT への偏見や理解不足により，LGBT 向け商品・サービスのはずがむしろ当事者が使いづらいものになったり，反感を呼ぶ結果になることもある。

その一例として，一部の観光業の例を挙げたい。

観光産業にはLGBTツーリズムという言葉があり，LGBT当事者を購買層とする旅行商品・サービスのことである。1970年代以降，米国の旅行会社がグランドキャニオンのゲイ専用ツアーを初めて提供したことが起こりとされており，1980年代にはIGLTA（国際ゲイ＆レズビアン旅行協会）が発足し，その市場規模の大きさを期待したプロモーションが世界中で行われている。海外諸国で同性婚が合法化されて以降は，男女の新婚カップルと同様，同性婚挙式と新婚旅行のパッケージ商品も定番商品になっている。特に，ベルリンやバルセロナは人気の滞在国となっており，セクシュアリティをオープンにしてもそれが自然に受容される空気が街にあるという。なお，「LGBT」ツーリズムと表しながらも，トランスジェンダー向け商品の開発は遅れているという指摘もあることに留意したい。

ここで，新たにLGBTの顧客を増やしたいと考えたホテルの支配人が，フロントスタッフに対して，同性の2人の宿泊者が来た場合には成人向けのショーやナイトタウンツアーを勧めるよう指示をすることがあるが，これはしてはいけない例である。

同性愛者は皆「快楽主義的な休暇を過ごすゲスト」であるという考え方は偏見である。同性の2人の宿泊者であるからというだけでこのようなオプションを事業者の側から提案するような対応は，顧客からすれば偏見をもって接客されたと感じる。事業者が，特段マジョリティには行っていないのに，同性愛者と思われる顧客にのみ夜のオプションを勧めることは差別的な対応である。

LGBTツーリズムに求められているのは，安心して旅行を楽しむことであり，そのニーズはLGBT当事者もそうでない者も同じである。LGBTであることが特に障害とならないのであれば，顧客が自然体で旅を楽しめるように接客し，LGBTであることが原因で何か不都合が生じた場合には必要なサービスを他の顧客に気づかれないように自然に提供すべきである。

事業者は，顧客がLGBT当事者であったとしても，それはその人の特徴の一部でしかないことを頭に入れておくべきである。

(イ)　ピンクマネー論の注意

LGBTツーリズムに限らず，顧客としてのLGBTの購買力や市場規模に関し，「ピンクドル」，「ピンクマネー」という言葉が使われることがある。この言葉はLGBTのうち特に経済力のある男性同性愛者の消費市場を指すが，その論調には嫌悪感を抱く者が多い。

なぜなら，LGBT当事者は常にLGBTとしてLGBTであることを理由にLGBTならではの消費活動をしているとは限らず，むしろ，ほとんどの場合，非当事者と同じ消費活動をしているということである。一部のゲイに富裕層が多いといわれるのは，女性に比して経済的地位を得る機会が多く，パートナーも同程度の経済力がある場合があり，子どももいないため消費力があるからとされている。しかしながら，消費力があるという観点でいえば，共働きの子どものいない夫婦や資産家等と同じであり，消費行動に殊更違いがあるとはいえない。LGBTマーケティングを行う場合には，本当にLGBT当事者であることがポイントとなるのか，それはなぜかを十分に吟味して行う必要がある。特に，市場調査の際の質問内容や質問の仕方にLGBT当事者への思い込みや偏見が含まれていないか慎重に検討を要する。

そして，LGBTを顧客として商品やサービスを考えるとき，多く売れるか，高く売れるかの利害のアプローチだけであってはならない。これまで社会の中で見えない存在と扱われてきたLGBTを可視化し，当事者が使いやすい，利用しやすい商品やサービスを世に送り出すことで誰もが生きやすい社会に変えていくこと，そのような企業の姿勢がなければ顧客は振り向かないであろう。

(ウ)　LGBT向け商品を買いにくい事情

顧客はLGBT向け商品・サービスの購入と引換えに，自身のセクシュアリティをカミングアウトさせられている場合がある。インターネットが流通する前の時代のことであるが，同性愛者向けの雑誌を近所の書店のレジに持っていくことができず，わざわざ電車に乗って家や学校から離れた書店に行っていたというエピソードはよく聞く話である。同性愛者向けの雑誌をレジに持っていくことが恥ずかしく万引きをして捕まった少年が，両親に知られたのを苦にして自死した例もある*1。

日本人の当事者の多くがカミングアウトしていないという状況では，商品・サービスの購入自体が1つのハードルになっているし，顧客と応対するスタッフは顧客が抱えている心理的負荷を理解していなければならない。また，当事者向け商品やサービスの顧客リストは，顧客が自身の性的指向や性自認を明示せずとも事実上「LGBT当事者顧客リスト」となっている。その取扱いは厳重に行い，情報の取扱いに関する内部ポリシーの策定とスタッフの教育は必須である。

［3］　マスコミュニケーションとLGBT

(1)　広告やコンテンツは理解度の物差しである

ここまではLGBTに関し，企業と企業外部の者との直接の関係について述べてきたが，これにあてはめることができない企業活動として，企業のマスコミュニケーションやコンテンツビジネスがある。

例えば，CMのように企業の価値観や世界観が映像となって発信されると，意図せずしてマイノリティへの偏見や無理解が露呈されることがある。対象者を限定せずに広く企業から発信される情報の受け取り手は多種多様であり，当然にLGBTも含まれることを念頭に置いて

＊1　伊藤文學『「薔薇族」の人びと』（河出書房新社，2006年）8頁。

おかなければ，そのような失敗に陥ってしまう。特に，SNSが普及した現在，会社のマスコミュニケーションの失敗は瞬時に情報が拡散される可能性があり，現にそのような事態になった例は枚挙に暇がない。

ここでは，まず，企業広告について取り上げ，次に，LGBTが作中に現れるコンテンツについて取り上げたい。

⑵　企業広告とLGBT

企業広告とは，テレビコマーシャル（CM），インターネット広告，新聞雑誌の広告等のすべてを指しているが，ここでは特にテレビCMやインターネット上の動画広告等の映像CM作品について述べる。映像CM作品は，短時間に，映像，音楽，言葉（発話やテロップ等）を駆使して視聴者に訴えかけるものであり，企業のポリシーが直接，間接に現れる。NTTドコモの2016年のCMにはレズビアンカップルが登場し，「この国の13人に１人はセクシュアルマイノリティです」というテロップが入った。これは，企業がLGBTに理解があることを直接に示した例である。これに対して米国アマゾンの日本国内向けの2015年のCMには，老若男女の様々な人が登場する中に自然にゲイカップルが登場している。

このように，LGBTを直接・間接に取り上げるCMを制作する際は，LGBT当事者の描き方，捉え方に偏見がないか，差別を助長するものではないかを意識的に注意することができるため，問題は起こりづらいともいえる。

これに対して，制作の意図にかかわらず差別的な表現であると受け取られて批判を浴びるケースがある。性別に関し視聴者から苦情が寄せられるCMの多くは，性別役割分業の現状を追認していたり，外見や容姿に優劣をつける描写や無用な性差の強調がある場合である＊2。

＊２　瀬地山角『炎上CMでよみとくジェンダー論』（光文社，2020年）31頁・224頁参照。

特に，昭和50年から60年頃まで多数であった専業主婦世帯をモデルに，「男性は働いて妻子を養う」，「女性は家庭を守る」という男女像をベースにCMを制作し，視聴者からの批判を受けて放送を中止する例が後を絶たない。これは主に，当事者が望まない，あるいは当事者がそれゆえに苦しんでいる性別役割分業をCMは肯定しているように見える，ということが批判の根拠にある。CM制作の際，こうしたマジョリティの男女にも配慮が行き届かなかったのであれば，ましてや，男女の二分で悩むトランスジェンダーや，結婚が認められていない同性愛者のことを想定していたとは考え難い。視聴者にはLGBTを含む様々な属性の人がいることを念頭にCM制作をすべきである。

裏返せば，LGBT当事者がいる社会を念頭に制作したCMは，LGBTだけでなく，性別役割分業に苦しむマジョリティにも受け入れやすいものになり，より多くの支持者を獲得することができるであろう。

(3) コンテンツに現れるLGBT

(a) 他を牽引してきたコンテンツ産業

コンテンツを取り扱う企業については，作中人物としてLGBTが登場する。小説，ドラマ，映画，演劇等，LGBTを題材にした作品や，LGBT当事者の存在が作中に現れる作品は，国内外で古くから製作されている。マイノリティの苦悩を扱ったドキュメンタリー・ノンフィクションや，LGBT当事者向けの作品だけでなく，一般向け娯楽映画としてLGBTに触れる映画は1960年代後半頃より国内外でほぼ毎年のように公開されており，名画として映画史に残っているものも多い。このような映画において登場人物がLGBT当事者であるということは１つの設定にすぎず，必ずしもこの設定だけが作品の評価や人気を左右するものではない。映画産業にはジェンダー平等を自然に受け止める土壌があり，ベルリン国際映画祭が歴史のある女優賞・男優賞を廃止し，「最優秀主演賞」と「最優秀助演賞」に変更したことも記憶に新しい。

そして，映画だけでなく，小説，ゲームやアニメ等でも，LGBT 当事者と思われるキャラクターは国内外で数多く登場しており，コンテンツビジネスにおいてはLGBT 当事者が当たり前に存在する世界観を発信してきたといえる。

(b)　差別的な表現に対する抗議

もっとも，一部のコンテンツでは，LGBT 当事者に対する誤った固定観念を広める原因を作ってきたことは否めない。

主要メディアの娯楽作品でも2000年頃まで，LGBT 当事者を揶揄したり，嘲笑する表現が散見され，現在もまったくないとはいえない。LGBT 当事者が自らのセクシュアリティを強調して笑いを誘う芸風を売り物にすることもあれば，LGBT ではない者が当事者への侮辱的な言動を面白おかしく強調することもあった。

これに対して昨今では，LGBT に対する差別的なコンテンツには，抗議運動や不買運動等の「社会的な制裁」が顕著になっている。国内の例でいえば，2020年に公開された映画について，ストーリーが同性愛者への偏見や差別を助長するとインターネット上で批判され，公開停止を求める署名運動に発展した。結局，製作委員会は HP 上に釈明と謝罪文を掲載する事態となった。2017年にもテレビのバラエティ番組に登場したキャラクターが同性愛者への差別表現と受け止められ，経済界の著名人等が連名で抗議声明を発表する事態となり，番組のスポンサーが降板した。その後，テレビ局が HP 上で謝罪文を掲載し，社長も記者会見で謝罪したが，後日そのテレビ番組自体が終了することになった。

法律論としては，原則として，どのような作品を制作するかは表現者の自由（憲21条1項）であり，その内容の賛否は自由言論によって検討されるべきであろう。

ただ，予防法務の観点では，先の例のようにLGBT当事者の存在そのものを嘲笑の対象としたり，LGBT当事者であることを否定的に捉える表現を取り扱うことは，上記のようなリスクを孕んでおり，制作会社や広告代理店のレピュテーションリスクの問題にもなりうる。

(c) LGBTに触れないことが正解なのか

海外では，差別的表現でなくても同性愛を扱う作品の公開や販売が中止になることがある。例えば，2017年公開のディズニー映画「美女と野獣」は，ダンスホールで男性同士がダンスをしたワンカットが同性愛表現であるという意見が出たため，同性愛行為へのむち打ち刑が残るマレーシアは当該シーンをカットして公開することを発表した。米国ディズニー社は，シーンのカットに抗議し，マレーシアでの公開中止に踏み切った。米国ディズニー社は，同シーンが同性愛表現であるかどうかに言及していないが，マレーシアの同性愛に対する制裁的な立場に反対する趣旨で公開中止を決めたものと思われる。

そのほか，欧米においてはLGBTを取り扱う表現に対して保守系・宗教系団体からの抗議がされることもある。

このように国内外で波紋を呼ぶ可能性があるのであればLGBT当事者をCMやコンテンツに登場させることは単なるリスクであり，これを回避することが正解なのであろうか。

日本はこれまでも海外にアニメやキャラクター等のコンテンツを輸出し，海外市場の存在感はなお増している。海外に発信することをも想定してコンテンツを製作する場合，LGBTだけでなく，ジェンダー平等，宗教，人種等，様々な属性の人が楽しめるように作品を作ることは，これまでも意識されてきたことであろう。過去には問題視されなかった差別的表現が今はタブーとなっている事例は多く存在し，

LGBTに限ったことではない。

LGBTを含むマイノリティを取り扱う作品は，マイノリティを擁護する立場からの抗議がなされることもあるし，敵対的な立場からの抗議運動が起こる可能性もある。しかし，これを単なるリスクと捉え回避するような風潮は，自由な表現活動を阻害し，大きく捉えればコンテンツビジネス全体の衰退を招きかねない。マイノリティへの偏見がなくマイノリティの立場に寄り添う発想ができる製作者の作品であれば，仮に何らかの抗議がなされたとしても作品の意図を説明することができるであろうし，本来，謝罪をするような事態にはならないはずである。

むしろ，世の中には，LGBT当事者を含む様々なマイノリティが存在しているのであるから，コンテンツにもその存在が現れることは自然である。各企業のダイバーシティ・ポリシーに反しないかのチェックは必要であっても，世に出る作品はすべて市場評価を受けることは当然のことであるから，消費者の反応を過度に意識してマイノリティの存在をコンテンツから追いやるような対応はむしろマイノリティへの差別を助長する。

したがって，インターネットによって国境を超えて作品が発信される今，作品の受け手はより多くより多様になっているが，コンテンツビジネスによる影響の大きさを考えるからこそ，これまでのように自然にコンテンツにLGBTが現れることは重要ではないだろうか。

(d)　制作上の注意点

CMやコンテンツ制作には企画段階から公表まで多くの人間が関わるのが通常である。したがって，すでに述べたような視聴者からの批判や，それを発端とする社会的な制裁を受ける可能性は，どこかで誰かが予測できたはずである。あるいは，仮に予測できても限られた時間と予算で進行する企画に対して，「LGBTに対する偏見を助長しないか」という指摘をすることが躊躇われた可能性もある。このような場合に，第5部で述べるダイバーシティ・ポリシー等，企業経営陣の方針が発信されていれば現場でも意見を言いやすい。また，制作者が男性ばかりである等，属性が近い人が多く集まっている場では多様な意見に気づきにくいという側面がある一方，制作者の中に女性がいるとかLGBT当事者がいるから差別的表現は出てこないと安易に考えることも危険である。

最後に，LGBTに配慮をするということは，自由な制作活動を縛るものではない。むしろ，もしそれまでにLGBT当事者の存在を念頭に置いてこなかった制作者であれば，その視野を広げ，新たな視座を見つけるきっかけになる。そして，作品がLGBT当事者を含むより多くの人から支持されることは，作品の評価を上げるだけでなくその企業の評判にもなる。知恵や工夫によってより多くの視聴者に支持される作品が世に出ることを期待したい。

◆

コラム3

LGBTとテレビ

本稿筆者は時々，報道・情報番組やバラエティー番組にコメンテーターとして出演させてもらっている。本コラムでは，テレビに出演させてもらっている弁護士から見た「LGBTとテレビ」について考察する。

よく聞かれる質問は「台本があるんでしょ？」だ。

もちろん番組全体の構成はあるし，VTRは事前に作成されている（なお，番組によるが，VTRを事前に見ることができない場合が多い）。しかし，当然ながら番組を作っている方の中に法律家がいるわけではなく，法的見解を求められて回答する場合には出演している弁護士の「自己責任」となる。

筆者がテレビに出るようになったのは2013年以降なので，その頃と比較するとLGBTへの認知は以前より上がっていると思う。

とはいえ，何度か「うむ？？（何かがおかしいかも）」と感じたことはあった。

例えば，「カップルがキスをすれば入場料が無料になるイベント」を紹介する短いVTRで，「同性同士でもＯＫです」という情報が面白ニュースのように扱われたときのこと。そのとき，出演者が「（同性同士のキスは）見たくないよー」と発言した場面で「は？？」と感じた。

しかし，筆者は当意即妙に反応することができなかった。これが放送上大問題になることもなかったが，このとき感じた違和感と「同性同士でもいいじゃないですか！」と断言できなかった後悔は今も胸に刺さっている。

これからはそういう後悔をしたくない。これは，筆者の小さな胸に秘められた小さな事象ではない。「小さなこと」，「よくあること」，

「仕方ない」として放置されて，問題の根深さを矮小化することがいつの世も当事者を苦しめてきたのだ。

さて，昨今，テレビの世界ではLGBTの問題に理解を示しつつある。「おっさんずラブ」や「きのう何食べた？」などのドラマが大ヒットしたことも記憶に新しい（ただし，ゲイカップルはドラマになるのにレズビアンカップルはなかなかドラマにならないなど表現に偏りがあることを指摘しておく）。

だが，そうとばかりもいえない具体的な事例を1つ書き留めておく。

筆者が出演していた番組ではないが，2019年5月放送の夕方のニュース番組の視聴者の疑問に答えるというテーマの1コーナーで，お笑い芸人が公道を歩く一般の人（放送では「男か女かわからない」と評価されている）に話しかけ，性別を質問し，身分証の提示を求め，さらに「おっぱいあります？」と聞いて，本人の許可を得て本人の胸部を触るという映像が流れた。カメラがスタジオに戻ると，コメンテーター（作家）が「男性か女性かどっちかという質問のやり方，これは許し難い人権感覚の欠如ですね。個人のセクシュアリティにそういう形で踏み込むべきじゃないです。こんなものよく平気で放送できるね。どういう感覚ですか。これ報道番組として……。ちゃんと考えろよ」と指摘したが，その後番組はCMに移り，その後もこのコメンテーターのコメントに触れることなく番組が終了した。本件は，Twitterなどで放送内容が拡散されいわゆる「炎上」案件となった[*1]。

この放送はBPO（放送倫理・番組向上機構）放送倫理検証委員会の審議対象となり，同委員会は「本件放送には，日本民間放送連盟（民法連）の放送基準『(3)　個人情報の取り扱いには十分注意し，プライバシーを侵すような取り扱いはしない』に反し，『適正な言葉と映像を用いると同時に，品位ある表現を心掛ける』よう求める放送倫理基本綱領及び『人権の尊重』と『報道における表現は，節度と品位をもっ

＊1　https://www.bpo.gr.jp/wordpress/wp-content/themes/codex/pdf/kensyo/determination/2019/31/dec/0.pdf

て行われなければならない』と求める民法連の報道指針に反する放送倫理違反があったと判断」した。

BPOの判断のとおり，この放送には問題があったことはいうまでもない。

しかし，考えずにいられなかったのは「もし私が現場にいたら，厳しい指摘をしたコメンテーターの方と同じ対応ができただろうか」ということだ。

批判する立場ではなく，批判される立場になることを考えずにはいられない。

このような放送がされないようにするためには，取材やVTR制作の過程で厳しいチェックをすることはもちろん大切だし，日々勉強することも必要になるだろう。

しかし，そういったチェックをすり抜け問題のある放送がされたとき，現場にいる人に何ができるか，もっというと，現場にいる弁護士として何ができるか，「世間」や「雰囲気」に迎合することなく正確な知識に基づきわかりやすい言葉で間違ったことをしっかり指摘できるか，が問われ続けているといえる。

このような問題を繰り返さないためには制作現場の改善も大切だが，視聴者のリテラシーの向上も重要な要素となるだろう。本書を手にとった方々には，是非とも厳しい目でテレビもチェックしてほしいと思う。

◆

第5部

就業規則編

第1章　総　　論

第3部で見たとおり，企業と従業員との間に雇用関係を発生させる場面，すなわち「採用（それ以前の段階である採用内定の場合も含む）」から，雇用関係を終了させる場面の1つ「解雇」に至るすべての過程において，LGBTに対する労働法上の問題が発生しうる。そこで，紛争を予防し，また紛争に至った際の解決の指針とするため，LGBTの存在を前提として雇用上のルール（就業規則等）を見直すことが必要である。

本来，雇用上のルールは，当該従業員の性的指向や性自認とは関係なく，純粋に労働契約の見地から定められるべきものであり，当該従業員の職務遂行能力や企業に対する貢献度（あるいは懲戒処分の場合であれば当該従業員の行為とその結果の重大性）などに鑑みて適用されるべきものである。そうすると，LGBT当事者であるという事実を原因として，LGBT当事者が労働条件等において不利益な取扱いや不当な差別を受けることは当然あってはならないことであり，他方でLGBT当事者以外の従業員が受ける福利厚生等も，可能な限りLGBT当事者においても平等に享受されるべきものといえる。

企業が上記を理解しないまま公正かつ適正なルール作りを怠ったり，ルールがあっても運用実態等が伴わず，いわば「絵に描いた餅」となれば，LGBT当事者が企業において不利益な取扱いを受け，又はLGBT当事者以外の従業員が差別的な言動を繰り返すことにもなりかねない。こうなると，LGBT当事者が勤労意欲を喪失するのはもちろん，メンタルヘルスを害したり（最悪は自殺を招来する危険性もある），ひいては退職に至ることもあろう。

このような事態は，まずもって企業における貴重な労働力を喪失することに直結する。特に，昨今の働き方改革によって，女性や高齢者，そして外国人の就業によるわが国の労働力の維持・強化の必要性が叫ばれる中（日本経団連のダイバーシティ・インクルージョン提言も同じ考えに基づくものである），LGBT 当事者にとっての職場環境の悪化やLGBT 当事者の職場離脱などという事態は，時代の要請に逆行するばかりでなく，企業の競争力や交渉力も低下しかねない。

また，特にLGBT 当事者に対するハラスメント防止は，セクシュアルハラスメント・パワーハラスメント・マタニティーハラスメントの防止措置等に関する法整備が進む中で，「従業員にとって働きやすい環境を維持ないし整備する」という共通の趣旨に立つものといえ，企業においてもはや対応は不可欠である。職場におけるパワーハラスメントに関して雇用管理上講ずべき措置等に関する指針（いわゆる「パワハラ指針」。令和２年厚生労働省告示第５号）においても，性的指向・性自認に関するハラスメントの例が明記されており，企業がこの点の措置を講じておくことが法律上の義務になったことは重要である（なお，すでに平成30年１月改訂厚生労働省就業規則モデル案においても，「性的指向・性自認に関する言動によるものなど職場におけるあらゆるハラスメントにより，他の労働者の就業環境を害するようなことをしてはならない。」との文言の挿入が提言されている）。

さらに，職場でのハラスメント等により，LGBT 当事者にかかる職場離脱，メンタルヘルスの不調（最悪のケースでは自殺）などの結果が生じた場合，加害者となる従業員の不法行為責任はもちろんのこと，企業の使用者責任（民715条），安全配慮義務違反に基づく民事責任（労契５条，民415条），労働災害にかかる行政上の責任，刑事上の責任などの法的責任が多面的に発生する。加えて，インターネット社会において，レピュテーションリスク*[1]も伴う。すなわち性的指向や性自認が人格の根幹を形成するものであり，人権保障の対象になるというのが国際連合及び先進国の立場であり，日本経団連のダイバーシティ・インクルージョン提言もLGBTを人権問題の1つとして捉えている。今日においてもすでにLGBTという言葉は相当に浸透してきており，パワハラ指針にも性的指向・性自認に関するハラスメントの例が盛り込まれた現状で，もし企業内におけるLGBTに対するハラスメント（ましてやそれを苦としての自殺）が起きれば，メディアなどでセンセーショナルに取り上げられる可能性も容易に想定できる。

以上述べてきたところから，労働条件等にかかる企業独自のルールを定める就業規則において，LGBT当事者の存在を想定した規程の見直しを行い，不当な差別の撤廃やハラスメントの防止などについて具体的に規定することで，誰もが働きやすい職場環境の実現を目指すべきである。併せて，当該規定によりルール化した内容を，各従業員に周知して浸透させることもまた，重要である。

現在，日本企業においてもLGBT当事者が雇用の各場面で不当な差別を受けることがないように各種の工夫がなされ始めているが，すべての企業がLGBT当事者に対する職場環境整備の必要性を理解し，これを実践することが急務であり，我々一人ひとりがこの問題について正しい知識を得て適切に対応できるよう備えておかなければならない。

◆

＊1　企業などの評判が悪化するリスクのことで，多数の否定的な評価が発信されることにより，短期間のうちに企業の信用やブランド力が低下するといった状況が起こりうる。

第2章　規定例編

［1］　対外的規定——企業倫理憲章，採用規程（リクルートポリシー）等

⑴　企業倫理憲章・ポリシー等

企業倫理憲章，企業行動規範等，対外的に企業の倫理的目標を表明・公開する文書において，従業者のダイバーシティを尊重する旨の文言を設けることが少なくない。

企業がLGBT当事者を尊重する姿勢を対外的に表明する場合，上記規定の具体的な属性のなかに「性的指向・性自認」を明記することが望まれる。

> **【規定例】**
>
> 各人の人権を尊重するとともに，人種・民族・宗教・国籍・社会的身分・性別・年齢・性的指向・性自認・障がいの有無などによる一切の差別やハラスメントを排除する。
>
> （東京商工会議所「人権の尊重」『企業行動規範〔第3版〕』4頁をもとに加筆）

⑵　採用規程等

募集・採用にあたっては，募集要項やリクルートポリシー等でLGBT当事者への差別を行わない旨を明示・周知することが考えられ

る。

また，性別に着目した募集・採用を実施すべき合理的理由がなければ，エントリーシート等の記載項目から性別欄を削除することも検討すべきである。

［2］ 就業規則

⑴ はじめに

企業において，LGBT 等のセクシュアルマイノリティ対応を行うにあたっては，従業者の労働条件・服務規律等を定める基本ルールである就業規則の関連規定を見直すことが望まれる。

なお，社内規定の構造によっては，就業規則そのものを改訂するというよりは，その付属規程又は細則，ガイドライン等へ内容を委任する形式をとることもありうる。いずれの形式をとるとしても，①従業者に規定内容が周知され，②規定について適切な制定手続が確保されていることが必要である。

⑵ 差別的取扱いの禁止

就業規則において，会社側の取り組みとして不当な差別を行わないという趣旨の包括的な差別禁止条項を設け，対象項目の１つとして性的指向・性自認を明記することで，性的指向・性自認に基づく従業者の労働条件等に関するハラスメント的な行為の一切が防止ないし禁止されることとなる。

【規定例】

会社は，従業者の人格を尊重し，国籍・人種・信条・性別・性的指向・性自認・障がい等を理由とした差別的取扱いをしてはならない。

⑶　懲戒・服務規律

⒜　差別的取扱いの禁止

服務規律中で差別的取扱いを禁止する条項を設け，対象項目の１つとして性的指向・性自認を明記することが望まれる。このような規定は，禁止条項に抵触した従業者に対する懲戒処分手続を進める上でも，懲戒処分の根拠規定として実効性を有することとなる。

【規定例】

従業者は，他の従業者の人格を尊重し，国籍・人種・信条・性別・性的指向・性自認・障がい等を理由とした差別的取扱いをしてはならない。

⒝　ハラスメントの禁止

事業主は，パワーハラスメントを防止すべく，労働者からの相談に応じ，適切に対応するために必要な体制の整備その他の雇用管理上必要な措置を講じなければならない（労働施策総合推進法30条の２第１項）。さらに，事業主は，パワーハラスメントに対する雇用する労働者の関心と理解を深めるとともに，当該労働者が他の労働者に対する言動に必要な注意を払うよう，研修の実施その他の必要な配慮をするほか，パワーハラスメントに対する関心と理解を深めるための広報活動，啓発活動その他の措置に協力するように努めなければならない（労働施策総合推進法30条の３第２項）。

そして，セクシュアルハラスメント（雇均11条の２），マタニティーハラスメント（雇均11条の４）についても，これらと同様の努力義務規定が設けられた。そこで，服務規律中のハラスメント行為を禁止する条項において，性的指向・性自認に関するハラスメント（SOGIハラ，第3部第4章［1］［2］参照）が禁止される旨を明示することが望まれる。

禁止条項を設ける場合，SOGIハラをセクシュアルハラスメントに含むとする方法と，別のハラスメントとして規定する方法がある。

SOGIハラをセクシュアルハラスメントに含めて考える場合，既存のセクシュアルハラスメント禁止規定中の「性的な言動」の定義に「性的指向又は性自認に関する言動を含む」こと，ハラスメントの対象が「同性に対するものと異性に対するものとを問わない」ことを明記することとなる。

SOGIハラとセクシュアルハラスメントを別のハラスメントとして禁止規定を設ける場合，厚生労働省「モデル就業規則」[*1]の包括的ハラスメント禁止規定を参考にすることができる。

①【セクシュアルハラスメントに含めて規定する場合】

（※セクシュアルハラスメントの定義規定に下記を追加する）

性的な言動とは，性的指向又は性自認に関する言動を含む。また，性的な言動の相手方が異性であるか同性であるかを問わない。

②【別個のハラスメントとして規定する場合】

性的指向・性自認に関する言動によるものなど職場におけるあらゆるハラスメントにより，他の労働者の就業環境を害するようなことをしてはならない。

（厚生労働省「モデル就業規則」15条　その他あらゆるハラスメントの禁止）

＊1　厚生労働省のウェブサイトにて，閲覧，ダウンロードできる。「モデル就業規則について」（https://www.mhlw.go.jp/stf/seisakunitsuite/bunya/koyou_roudou/roudoukijun/zigyonushi/model/index.html）。

(c)　アウティングの禁止

アウティングはLGBT当事者のプライバシー権への重大な侵害行為であり，またひとたび発生した場合，被害回復が非常に困難である。したがって，服務規律においてアウティングが禁止される事柄であることを明記すべきである。

【規定例】
従業者は，他の従業者の性的指向や性自認を，当該従業者の同意を得ずに，第三者に対して明らかにしてはならない。

(4)　賃金規程・福利厚生

手当，育児・介護を理由とする休暇・休職等の規定において，取得等ができる主体にかかる定義規定又は各語句の内容として，LGBT当事者を含むことが考えられる。すなわち，「配偶者」に同性パートナーを含む旨を追記することで，同性パートナーやその養育する子，介護する父母等の制度利用が可能になる。

対象となる規定は，各種手当・退職金・慶弔見舞金の支給，育児・介護を理由とした短縮勤務及び休職，単身赴任，借上社宅使用等多岐にわたり，いずれも異性か同性かにかかわらずパートナーがいる従業者に平等に利用させることに一定の合理性があると思われる制度といえる。

【規定例】
・配偶者（異性であるか同性であるかを問わず，事実上婚姻関係と同様の事情にある者を含む。）

コカ・コーラ ボトラーズジャパン株式会社では，ダイバーシティ&インクルージョン推進の取り組みとして，多様な社員，社内の性的マイノリティ（LGBT）に対し平等な機会を提供すべく，社内規程（就業規則等）が改定され，すでに実際の運用が開始されている*2。具体的には，各種規程における配偶者の定義を，上記**【規定例】**と同内容の「配偶者とは，異性であるか同性であるかを問わず，事実上婚姻と同様の関係にある者を含む。」ものとし，異性婚・同性婚を問わず配偶者として取り扱うことを明確にした。これにより，就業規則の特別有給休暇に関するもの，育児・介護規程の対象者，休業の手続・撤回，休業期間など多岐にわたって各規則の改定が行われる*3。

(5) 休業・休職・休暇

(a) 積立休暇・復活有休等

一般的な「私傷病」の場合に時効消滅済みの有給休暇の使用を認める制度をおく企業において，トランスジェンダーの従業者の性別適合手術等を「私傷病」に含む規定を設けることが望まれる。

【規定例】

・傷病（性別違和又は性同一性障害のある者につき医療行為が必要な場合を含む。）

(b) 治療を理由とする休職等

上記(a)と同様の規定により，トランスジェンダーの従業者が治療目

＊2　https://www.ccbji.co.jp/news/detail.php?id=721
＊3　なお，同社では16,500名の全社員を対象としたｅ－ラーニング，管理職1,263名を対象とした研修による啓発活動を実施し，社員の意識改革に対しても積極的な取り組みがなされている。

的で休職する場合に人事考課等で不利益を生じさせない制度とすることが望まれる。

(6)　安全衛生

トランスジェンダーの従業者など，生物学的性別に着目して実施する集団的な健康診断に抵抗を覚える従業者が存在する。このような従業者への配慮として，外部の医療機関で企業が実施する健康診断と同様の健康診断を受診し証明書を提出することで，必ずしも企業が実施する健康診断の受診を必須としないことを明示する定めを設けることが望ましい（労安衛66条５項参照）。この場合，従業者に不必要なカミングアウトを強制することを避けるため，外部機関受診にあたり理由の申告を不要とすることが望まれる。

また，会社の実施する健康診断においては，従業者の申出に基づき必要かつ合理的配慮を行う旨の規定を置くことも望まれる。

【規定例】

①　健康診断の受診に関する規定の改訂

従業者は，採用の際及び毎年１回，会社の実施する健康診断を受診する。ただし，従業者が外部医療機関において本条の規定による健康診断に相当する健康診断を受診し，その結果を証明する書面を提出したときはこの限りでない。

②　配慮規定の追加

会社は，従業者より疾病，障がい，性自認等の個別的事情に基づき健康診断の受診に関する特段の配慮を求められた場合，必要かつ合理的な配慮を行う。

［3］ その他の取扱い

⑴ 戸籍上の性別・ビジネスネーム（職務上氏名）の取扱い

広く従業者に共有される名簿等には業務上の必要がなければ性別記載を撤廃することが望ましい。また，本人の申出により通称名の使用を認めることが望まれる。

ただ，公的書類のほか，法令に基づき作成・携行等が義務づけられる従業者名簿，従業者証や資格証等には戸籍上の性別及び氏名が記載されるものがある。

従業者が意図しない情報開示を可能な限り防ぐため，企業としては，従業者に対し，戸籍上の性別及び氏名等が公開される範囲を明確にすることが必要である。

⑵ パートナー登録制度

福利厚生等の場面において法律婚の配偶者と同性パートナーを同等に取り扱う場合，①パートナーの登録・認定の手続，②認定基準，③法律婚配偶者と同様に扱う範囲について検討する必要がある。

①においては，人事部門への直接の申請を可能とするなど，制度を利用しようとする従業者の情報開示の範囲ができるだけ狭くなるよう留意することが望まれる。

②については，制度を利用しようとする従業者の負担と，虚偽申請による不当な制度利用排除を考慮して定めるべきである。同性パートナー登録制度を導入している企業においては，自治体発行のパートナーシップ証明書や12ヵ月以上の同居を証明する住民票の写し等の提出を求める例，社内書式（当事者２名と証人の署名）で足りるとする例がある。

また，2021年１月８日には，兵庫県明石市において，明石市パートナーシップ・ファミリーシップ制度が開始された。これにより，同性パートナーだけでなく未成年の子どもも含めた家族の承認，証明がなされるようになり，住民票の続柄も縁故者という記載が認められるようになった。このように，同性パートナー同士の「横の関係」にとどまらず，同性パートナーとその未成年の子どもという「縦の関係」についても配慮する実例も出てきている。

⑶　個人情報保護・情報管理

性的指向・性自認に関する個人情報は，個人情報のうち最も機微性が高いものの１つである。

性同一性障害の診断の事実やその治療歴は要配慮個人情報（個人情報保護法２条３項）の「病歴」に該当するが，性的指向・性自認は，同項において列挙された事由にあたらず，「その他本人に対する不当な差別，偏見その他の不利益が生じないようにその取扱いに特に配慮を要するものとして政令で定める記述が含まれる個人情報」にも該当しない（同法施行令２条，同法施行規則５条）。宇賀克也教授によれば，性生活についてはEU個人データ保護指令などこれを要配慮個人情報とする例もあるが，わが国においては，何が要配慮個人情報に該当するかについての合意を形成することが困難であること等を理由に，最低限の規律を定め，個別の法令やガイドラインで特別の措置を講じることとした。「金融分野における個人情報保護に関するガイドライン」では，性生活を機微情報の１つに位置づけ，所定の例外に該当する場合を除き，取得，利用又は第三者提供を行わないこととしている。JIS Q15001:2006も，性生活に関する事項に係る個人情報を機微情報の１つに位置づけ，明示的な本人の同意がある場合等，一定の場合を除き，その取得，利用又は提供を行ってはならないとしている[＊4]。

＊４　宇賀克也『個人情報保護法の逐条解説〔第６版〕』45頁以下。

LGBTにとって性的指向・性自認は不当な差別，偏見を招きかねない情報である。個人情報保護法上の要配慮個人情報に該当しないからといっても，上記のガイドラインなどに照らせば，企業が雇用管理等のために性的指向・性自認に関する個人情報を収集・取得する場合には，その機微性に鑑みて，当該情報にアクセスできる従業者の範囲を限定することが望ましい。その上で，当該情報にアクセスできる従業者が職務上必要がなく性的指向・性自認に関する従業者の個人情報にアクセスし，漏えいすることを禁止する旨の定めを設けることが望まれる。

いわゆるパワハラ関連法に基づく「事業主が職場における優越的な関係を背景とした言動に起因する問題に関して雇用管理上講ずべき措置等についての指針」（令和2年厚生労働省告示第5号）において，労働者の性的指向・性自認などの機微な個人情報について，当該労働者の了解を得ずに他の労働者に暴露することをパワーハラスメントに該当すると考えられる例に挙げていること，当該機微な個人情報を暴露することのないよう，労働者に周知・啓発する等の措置を講じることが必要とされている。

具体的には各社の規定ぶりによって対応が異なるが，一例としては末尾の規定例のように「性的指向・性自認」を列挙することを検討すべきであろう。

運用としては，人事管理上の機微情報へのアクセス権限を有する従業者の人数を必要最小限にした上で，慎重に選定を行うべきである。また，機微情報へのアクセス状況のモニタリング，担当者への定期的な研修等によって，機微情報の不適切な取扱い，不必要な情報照会等がなされていないかを継続的に監督することが望まれる。

【規定例】

人事管理部署は，従業者から，下記の機微情報を取得した場合，これらの情報を扱う者を業務上の必要がある特定の従業者に限定し，これらの情報が部署外へ漏えい，開示されることがないよう十分に配慮する。

⑴　人種，民族

⑵　宗教

（中略）

⑸　性的指向，性自認

⑷　ダイバーシティ・ポリシーの策定

ダイバーシティ・ポリシーとは，概ね，性別・年齢・障がいの有無など従業者の多様な属性を受け容れ，多様な従業者がそれぞれの能力を発揮して活躍できる企業作りを推進するための経営方針のことである。多くの企業ですでにダイバーシティ・ポリシーが策定され，それをホームページ上等で閲覧することが可能である。

法務の観点でいえば，LGBT 当事者の従業者を取り巻く社内紛争の多くは，その当事者と直属の上司との間や，同僚や後輩との間，いわゆる「現場」で発生している。現場でトラブルが発生した場合，従業者は初動をどうするかの判断に迫られる。このような場合にダイバーシティ・ポリシーがあれば，それがトラブルへの事後的対応を迫られた従業者にとって重要な行動指針となり，適切な対応へと導くことができる。また，各従業者がポリシーに従い，又は，ポリシーを尊重して行動することで，事前にトラブルの発生自体をある程度制御することもできる。ポリシーを絵に描いた餅で終わらせないためにも，ダイバーシティ・ポリシーの周知と社員研修が必須である。

ダイバーシティ・ポリシーが未整備の企業には，ポリシーの策定作業自体から多くの気づきや学びを得ることができるため，ダイバーシティ・ポリシーの策定をお勧めしたい。

すなわち，策定過程において従業者から様々な意見が表出し，その企業の事業内容や企業風土等を加味しながら検討を進めていくことになる。ダイバーシティ・ポリシーがLGBTのみならず多様な従業者にとって意味のあるものにするため，策定過程にはできるだけ多くの，立場を異にする従業者が参加することが望ましい。職域・部署・キャリア（年次）等の異なる従業者を幅広く動員して策定に関わってもらうことが肝要であり，この策定作業自体が従業者へのダイバーシティ研修としての役割を果たすことにもなる。なお，担当者を募る際，企業内のLGBT当事者に対して殊更に参加をするよう呼びかけることは，プライバシーや強制的なカミングアウトの問題に発展するおそれがあるので慎むべきである。

◆

第6部

事例検討

第１章　経産省事件[*1]

［１］ 事案の概要

(1) 訴訟に至る経緯

本件の原告は，トランスジェンダー（MtF）で，性同一性障害者の診断を受けている者である。原告は，その所属する経済産業省（以下「経産省」という）において，次の異動を契機に女性職員として勤務したい旨の要望を申し入れ，女性用トイレや休憩室等の使用を求めたところ，原告が執務する階から２階以上離れた女性用トイレの使用等が認められた。将来の異動先の処遇については，女性用トイレを使用する場合には，原告が戸籍上の性別変更をするか，又は，当該女性用トイレを使用している女性職員に対し，原告が性同一性障害者であることを告知（「カミングアウト」）しなければならないと告げられた。

そこで，原告は，女性用トイレの使用に関する制限を設けないこと等を要求事項として，国家公務員法86条の規定に基づいて人事院に対し，勤務条件に関する行政措置の各要求（以下「本件各措置要求」という）を行ったところ，本件各措置要求がいずれも認められないとの判定（以下「本件判定」という）を受けたことから，本件判定がいずれも違法であるとし，本件判定に係る処分の取消訴訟を提起した（第１事件）。併せて，上記のとおり原告が経産省において女性用トイレの使用につ

＊1　東京地判令和元年12月12日労判1223号52頁。

いて制限を受けていることや，上司らが原告に性別適合手術を受けて戸籍上の性別を変えるように繰り返し促したり，「なかなか手術を受けないんだったら，もう男に戻ってはどうか」と発言したこと等に関し，経産省の職員らがその職務上尽くすべき注意義務を怠ったものであり，これによって損害を被ったとして，国家賠償法に基づく損害賠償請求訴訟を提起した（第2事件）。

⑵　原告の略歴等

原告は，トランスジェンダー（MtF）であり，性別適合手術や，「性同一性障害者の性別の取扱いの特例に関する法律」（以下「性同一性障害者特例法」という）3条1項に規定する性別の取扱いの変更の審判を受けておらず，その戸籍上の性別は男性である。原告は，国家公務員採用試験に合格し，経産省（旧通商産業省）に採用され，現在に至っている。

原告は，幼少の頃から自らの身体的性別が男性であることに強い違和感を抱いており，平成10年頃から，女性ホルモンの投与や性同一性障害者の専門医によるカウンセリングを受けるようになり，平成11年頃には，性同一性障害者との診断を受けた。平成19年頃からは，私的な時間に女性としての生活を送るようになり，平成20年頃からは，私的な時間のすべてを女性として過ごすようになった。なお，原告は，健康上の理由から，性別適合手術を受けることができないため，性別変更の手続を行うことができない。

⑶　女性用トイレの使用を巡る経産省とのやり取り

平成21年7月24日，原告は，当時の上司に対し，自らが性同一性障害であることを伝えるとともに，次の異動を契機に女性職員として勤務したい旨の要望を申し入れたところ，経産省全体の人事等を担当する秘書課が対応することとなった。

同年10月23日，原告は，秘書課調査官らの同席の下で，経産省の労働保健統括医の医師と面談をした。面談又は面談後において，原告は，経産省において女性職員としての勤務を希望すること，その理由として，日本精神神経学会性同一性障害に関する委員会の作成に係る「性同一性障害に関する診断と治療のガイドライン〔第３版〕」（以下「ガイドライン第３版」という）が性別適合手術を実施するための条件として希望する性別での実生活経験の存在を挙げていること，原告が近い将来に性別適合手術を受けることを希望しており，そのためには職場での女性への性別移行が必要であることを伝え，女性用トイレの使用を認めること等具体的な要望事項を記載した文書を秘書課に提出した。

平成22年２月22日，秘書課調査官は，原告の上記要望事項への対応の検討を進める中で，秘書課の顧問弁護士から，組織としての姿勢について，「本人によるカミングアウトを前提として，職員の病気への理解を求めることや可能な範囲で本人の悩みを解決するなどの支援を行う」，「組織としては，広い意味でのセクハラを防止する必要があり，他の職員が不快と思い組織として対応できないことについては本人に我慢してもらう必要がある。本人の権利の主張もあるが，他の職員，特に女性職員の保護が重要」との助言を受けた。また，本件各要望事項のうち女性用の休憩室及びトイレの使用については，「男性である限り，女性には危険が及ぶおそれがあることから休息室・トイレの使用は認めるべきではない（女性職員が被害者になるおそれがある）」，「トイレは個室になっているので男性用トイレで我慢してもらうか，男女共用トイレや身障者用トイレの使用を促す」等の助言を受けた。

同月下旬頃，秘書課調査官は，上記の助言を踏まえ，原告と面談を行ったところ，原告は，同年３月３日，秘書課調査官に対して，ガイドライン第３版を作成した日本精神神経学会性同一性障害に関する委員会の委員であるｅ医師（以下「ｅ医師」という）の作成に係る同日付けの診断書を提出した。当該診断書には，ガイドライン第３版の解釈について，「ガイドライン上，『プライベートな場所では』と記されているが，これはあくまでも，最低限の基準を示したものである。性別適合手術が不可逆的に生殖機能を喪失させる治療行為であることより，その実施は慎重であることが望ましい。そのため，プライベートな場所だけでなく，可能な限り，職場においても望みの性別で過ごし，適応に問題なく性別変更がQOLの向上にプラスの効果を与えることが示された後に，性別適合手術が行われることが望ましい。」と記載されていたほか，原告については，女性ホルモンの投与により，「性衝動に基づく性暴力の可能性は低いと判断される」ことなどが記載されていた。

同年7月8日頃，秘書課調査官は，原告に対し，一定の要件を満たす性同一性障害者に対して，「女性トイレの使用については認めるが，他の職員への配慮の観点から，限定して使用するよう本人に促す」等の原告の要望事項に対する方針案の内容を口頭で伝えるとともに，原告の要望事項への対応にあたっては，少なくとも原告の所属先の職員らに対して原告が性同一性障害であることや当該方針案について説明した上で理解を得る必要がある旨を伝えたところ，原告もこれを了承したので，後日，その説明会を実施することとなった。

同月14日，原告の所属先職員らに対して原告が性同一性障害であること等についての説明会（以下「本件説明会」という）が2回に分けて行われた。当時，原告の所属先に在籍していた職員の数は，62名であり，当日に不在であった者を除き，ほぼ全員が本件説明会に出席した。本件説明会においては，まず，秘書課調査官が性同一性障害に関する一般的な説明を行い，続いて，原告の上司が本件説明会の趣旨を説明した後，原告が，自らが性同一性障害であることや，これまでの自分の気持ち，職場でも女性職員として働くことを望んでいることなどを述べた。その後，原告が退席し，秘書課調査官らは，出席していた職員から，原告が今後に女性用トイレを使用すること等についての意見を聴取するなどした。

原告は，本件説明会が開催された翌週から，女性の身なりで勤務するようになり，経産省が使用を認めた女性用トイレを日常的に使用するようになった。当時，経産省の庁舎内の女性用トイレには，洗面台等の共有スペースがあったほか，個室のトイレが設けられていた。また，原告の執務場所の庁舎には，男女別のトイレが各階の北側，中央及び南側の３か所に，多目的トイレ（高齢者，障害者等の移動等の円滑化の促進に関する法律施行令14条１項１号に規定する車椅子使用者用便房をいう。以下同じ）が１階，２階，５階，８階，10階及び11階の中央にそれぞれ設置されていたが，経産省は，原告に対し，原告の執務室がある階の前後１階の女性用トイレの使用を認めなかった（以下この処遇を「本件トイレに係る処遇」という）ため，原告は，当該女性用トイレを使用せず，男性用トイレ及び多目的トイレも使用しなかった。

⑷　本件各措置要求と本件判定

原告は，平成25年12月27日付けで，人事院に対し，国家公務員法86条の規定に基づき，「戸籍上の性別及び性別適合手術を受けたかどうかに関わらず，異動等に制限を設けず，原則として他の一般的な女性職員と同等の処遇を行うこと。また，性的なプライバシーを尊重すること。」を要求事項とする本件各措置要求をした。

その後，人事院は，同年５月29日付けで，本件各措置要求に係る要求事項を「①申請者（注：原告）が女性トイレを使用するためには性同一性障害者である旨を女性職員に告知して理解を求める必要があるとの経済産業省当局（以下「当局」という）による条件を撤廃し，申請者に職場の女性トイレを自由に使用させること。」（以下「要求事項ａ」という），「②申請者が異動するためには戸籍上の性別変更又は異動先の同僚職員への性同一性障害者である旨の告知が必要であるとの当局による条件を撤廃し，また，今後異動することとなった場合には，異動先の管理職等に申請者が性同一性障害者である旨の個人情報を提供しないこと。」（以下「要求事項ｂ」という）及び「③健康診断の時間帯を女性職員と同一にすること。」（以下「要求事項ｃ」という）と整理した上で，いずれの要求も認められない旨の本件判定をした。

［2］　判決の要旨

⑴　争　　点

本件訴訟の争点は，①原告の主張する国家賠償法１条１項の規定に基づく被告の責任の成否に関し，原告の主張に係る経産省による原告に対する各処遇又は経産省の職員らによる原告に対する各発言等が同項に規定する違法なものとして認められるかどうか，②原告の損害の有無及びその額，③経産省の職員らの各発言につき国家賠償法１条１項の規定に基づく責任が成立するとした場合の当該規定に基づく損害賠償請求権についての消滅時効の成否，④本件判定が違法なものであるかどうか，である。

このうち，争点①については，本件トイレに係る処遇の違法性及び経産省の職員の原告に対する発言のうち１つの違法性が認められたのみで，他の原告の主張する処遇又は経産省の職員らの発言はあったとは認められない，又は，原告の主張する処遇が具体化していたとは認められないとして排斥された（なお，原告の主張の排斥により判断の要なしとして，争点③に関する判断はなされていない）。

(2)　経産省による原告に対する各処遇又は経産省の職員らによる原告に対する各発言等が同項に規定する違法なものとして認められるかどうか（争点①）について

(a)　本件トイレに係る処遇について

本件トイレに係る処遇につき，国内において，トイレに関する法令や規則等はあるものの，「トイレを設置し，管理する者に対して当該トイレを使用する者をしてその身体的性別又は戸籍上の性別と同じ性別のトイレを使用させることを義務付けたり，トイレを使用する者がその身体的性別又は戸籍上の性別と異なる性別のトイレを使用することを直接的に規制する法令等の規定は，見当たら」ないことから，「本件トイレに係る処遇については，専ら経産省（経済産業大臣）が有するその庁舎管理権の行使としてその判断の下に行われているものと解することができる」とし，庁舎管理権の行使として本件トイレに係る処遇がなされたと認定した。

続けて，自認する性別に即して社会生活を送ることができる法的利益について述べる。すなわち，「性別は，社会生活や人間関係における個人の属性の一つとして取り扱われており，個人の人格的な生存と密接かつ不可分のものということができるのであって，個人がその真に自認する性別に即した社会生活を送ることができることは，重要な法的利益として，国家賠償法上も保護されるものというべきである」とし，「性同一性障害者特例法が，心理的な性別と法的な性別の不一致によって性同一性障害者が被る社会的な不利益の解消を目的の一つとして制定されたことなどからも見て取ることができる」とする。そして，トイレが日常的に必ず使用しなければならない施設であり，人が通常の衛生的な社会生活を送るにあたって不可欠のものであることに鑑みると，「個人が社会生活を送る上で，男女別のトイレを設置し，管理する者から，その真に自認する性別に対応するトイレを使用することを制限されることは，当該個人が有する上記の重要な法的利益の制約に当たると考えられる」とする。そして，原告が性同一性障害者であり，自認する性別が女性であることから，「本件トイレに係る処遇は，原告がその真に自認する性別に即した社会生活を送ることができることという重要な法的利益を制約するものである」とする。

さらに，本件トイレに係る処遇が，上記原告の法的利益を制約するのみならず，「原告の身体的性別又は戸籍上の性別が男性であることに伴って女性職員との間で生ずるおそれがあるトラブルを避けるため」に本件トイレに係る処遇を行ったとする被告の主張を前提とすると，「原告が経産省の庁舎内において女性用トイレを制限なく使用するためには，その意思にかかわらず，性別適合手術を受けるほかないこととなり，そのことが原告の意思に反して身体への侵襲を受けない自由を制約することになるという一面も有していることは否定することができない」と述べる。

他方で，被告が上記トラブルを避けるために本件トイレに係る処遇を行うことが庁舎管理者において果たすべき責務を遂行した合理的な判断であると述べていることについて裁判所は，「これまで社会において長年にわたって生物学的な性別に基づき男女の区別がされてきたことを考慮すれば，身体的性別及び戸籍上の性別が男性で，性自認が女性の性同一性障害である職員に対して女性用トイレの使用を認めるかどうかを検討するに当たっては，そのような区別を前提として女性用トイレを使用している女性職員に対する相応の配慮も必要であると考えられる」としつつ，国内や諸外国の法制度等の状況を指摘し，「我が国や諸外国において，法律上の性別変更をしていないトランスジェンダーによるトイレ等の男女別施設の利用については，多目的トイレや男性と女性の双方が使用することのできるトイレの使用等を提案し，推奨する考え方も存在するところであって，必ずしも自認する性別のトイレ等の利用が画一的に認められているとまではいい難い状況」であるとする。

そして，「生物学的な区別を前提として男女別施設を利用している職員に対して求められる具体的な配慮の必要性や方法も，一定又は不変のものと考えるのは相当ではなく，性同一性障害である職員に係る個々の具体的な事情や社会的な状況の変化等に応じて，変わり得るもので」あり，「当該性同一性障害である職員に係る個々の具体的な事情や社会的な状況の変化等を踏まえて，その当否の判断を行うことが必要である」とし，具体的事実に即して，トイレに係る処遇を検討すべきとする。

以上を前提に，本件の具体的事実に即して検討する。すなわち，原告は，「性同一性障害の専門家であるｅ医師が適切な手順を経て性同一性障害と診断した者であ」ること，「経産省においても，女性ホルモンの投与によって原告が遅くとも平成22年３月頃までには女性に対して性的な危害を加える可能性が客観的にも低い状態に至っていたことを把握していた」こと，「経産省の庁舎内の女性用トイレの構造に照らせば，当該女性用トイレにおいては，利用者が他の利用者に見えるような態様で性器等を露出するような事態が生ずるとは考えにくい」こと，さらに，「原告については，私的な時間や職場において社会生活を送るに当たって，行動様式や振る舞い，外見の点を含め，女性として認識される度合いが高いものであった」こと，「2000年代前半までに，原告と同様に，身体的性別及び戸籍上の性別が男性で，性自認が女性であるトランスジェンダーの従業員に対して，特に制限なく女性用トイレの使用を認めたと評することができる民間企業の例が本件証拠に現れた範囲だけでも少なくとも６件存在し，経産省においても平成21年10月頃にはこれらを把握することができたこと」，国内の「立法の動きや施策等，日本学術会議による提言，経団連が実施したアンケートの調査結果や公表した提言を踏まえると，我が国において，平成15年に……性同一性障害者特例法が制定されてから現在に至るまでの間に，トランスジェンダーが職場等におけるトイレ等の男女別施設の利用について大きな困難を抱えていることを踏まえて，より働きやすい職場環境を整えることの重要性がますます強く意識されるようになってきて」いること，「トランスジェンダーによる性自認に応じたトイレ等の男女別施設の利用を巡る国民の意識や社会の受け止め方には，相応の変化が生じているものということができるし，このような変化の方向性ないし内容は，……諸外国の状況から見て取れる傾向とも軌を一にするもの」であり，これらの事情に照らせば，「平成26年４月７日の時点において，……被告の主張に係るトラブルが生ずる可能性は，せいぜい抽象的なものにとどまるものであり，経産省においてもこのことを認識することができたというべきである」と述べている。なお，平成26年４月７日は，原告が病気休暇から復職した時点である。

この点，被告の「本件説明会で原告が女性用トイレを使用することに関して抵抗感等を述べる声が現に存在していた」との主張について，「被告の主張に係るトラブルが生ずる可能性が高いものであったこと等をうかがわせる事情を認めるに足りる証拠はない」し，秘書課調査官らが「見えたとする違和感が当該トラブルを具体的にもたらすほどのものであったと考えることもできず，仮に，上記の被告の主張に係るトラブルが生ずる抽象的な可能性が何らかの要因によって具体化・現実化することを措定したとしても，回復することのできない事態が発生することを事後的な対応によって回避することができないものとは解し難い」として，被告の主張を排斥した。

加えて，「原告が平成22年７月以降は一貫して経産省が使用を認めた女性用トイレを使用しており，男性用トイレを使用していないことや，過去には男性用トイレにいた原告を見た男性が驚き，同所から出ていくということが度々あったことなどに照らすと，女性の身なりで勤務するようになった原告が経産省の庁舎内において男性用トイレを使用することは，むしろ現実的なトラブルの発生の原因ともなるものであり，困難といわざるを得ない」とする。また，「多目的トイレについては，高齢者，障害者等の移動等の円滑化の促進に関する法律第14条第１項の規定及び高齢者，障害者等の移動等の円滑化の促進に関する法律施行令第14条第１項第１号の規定が建築主等にその設置を義務付けているところ，性同一性障害の者は，そのことのみで直ちに同法第２条第１号に規定する高齢者，障害者等に該当するものとは解されず……，少なくとも同法において多目的トイレの利用者として本来的に想定されているものとは解されないし，原告にその利用を推奨することは，場合によりその特有の設備を利用しなければならない者による利用の妨げとなる可能性をも生じさせるものであることを否定することができない」として，多目的トイレの利用が根本的な解決とはならない旨を述べた。

そして，「原告が平成26年３月７日付けで本件措置要求に係る要求事項を補正して女性用トイレの使用について制限を設けないことを求めていたこと……に照らすと，遅くとも……同年４月７日の時点においては，……被告の主張に係る事情をもって原告の法的利益等に対する上記の制約を正当化することはできない状態に至っていたというべきである」とし，「経産省（経済産業大臣）による庁舎管理権の行使に一定の裁量が認められることを考慮しても，経産省が同日以降も本件トイレに係る処遇を継続したことは，庁舎管理権の行使に当たって尽くすべき注意義務を怠ったものとして，国家賠償法上，違法の評価を免れない」と結論づけた。

なお，本件トイレに係る処遇が秘書課の顧問弁護士の見解を踏まえたものであったとしても，本件トイレに係る処遇が経産省によるものであることに鑑みると，上記において説示したところを何ら左右するものではない，としている。

(b)　経産省の職員の発言について

平成25年1月17日面談において，原告の当時の上司が，「なかなか手術を受けないんだったら，もう男に戻ってはどうか」と述べた発言は，「その言葉の客観的な内容に照らして，原告の性自認を正面から否定するものであるといわざるを得ない」とし，同人が「なかなか手術を受けないんだったら，服装を男のものに戻したらどうか」と発言をしたものであっても，「性別によって異なる様式の衣服を着用するという社会的文化が長年にわたり続いている我が国の実情に照らしても，この性別に即した衣服を着用するということ自体が，性自認に即した社会生活を送る上で基本的な事柄であり，性自認と密接不可分なものであることは明らかで」，「客観的に原告の性自認を否定する内容のものであったというべき」であって，これらの発言は，「原告に対する業務上の指導等を行うに当たって尽くすべき注意義務を怠ったものとして，国家賠償法上，違法の評価を免れない」と結論づけた。

(c)　原告の損害の有無及びその額（争点②）について

原告は，「経産省が本件トイレに係る処遇を継続したことによって，個人がその自認する性別に即した社会生活を送ることができるという重要な法的利益等を違法に制約されるとともに」，経産省の職員の「発言によって性自認を否定されたものと受け止めざるを得ず，これらによって多大な精神的苦痛を被ったものと認めることができる」とし，これらに対する慰謝料の額として，合計120万円及び弁護士費用相当額として慰謝料の合計額の10％を認定した。

(d)　本件判定が違法なものであるかどうか（争点④）について

国家公務員法において，職員の勤務条件に関する行政措置の要求の制度が設けられている趣旨に鑑みれば，「職員による行政措置の要求に対して人事院がいかなる判定を行うかはその合目的的な裁量に委ねられているというべきである」とし，「行政措置の要求に対する判定の取消訴訟において当該判定の違法性の有無を判断するに当たっては，当該判定を導いた審査の手続に違法があった場合や，認定及び判断の内容が法令に違反するものであったり，考慮した前提事実に重大な事実の誤認があるなど重大な瑕疵があると認められる場合，又は考慮すべき事項を考慮しておらず，若しくは考慮した事項の評価が合理性を欠いており，その結果，当該判定が社会観念上著しく妥当を欠く場合に限って，その裁量権の範囲を逸脱し，又はその濫用があったものとして，当該判定を違法と判断するのが相当である」として，判断基準を示した。

そして，争点①において認定したとおり，「本件トイレに係る処遇については，遅くとも平成26年４月７日の時点において原告の性自認に即した社会生活を送るといった重要な法的利益等に対する制約として正当化することができない状態に至って」おり，それにもかかわらず，「本件判定は，本件トイレに係る処遇によって制約を受ける原告の法的利益等の重要性のほか，……考慮すべき事項を考慮しておらず，又は考慮した事項の評価が合理性を欠いており，その結果，社会観念上著しく妥当を欠くものであった」として，本件判定のうち要求事項ａを認めないとした部分は，その裁量権の範囲を逸脱し，又はその濫用があったものとして，違法であるから，取消しを免れないと判断した。

［３］　本判決の意義

本判決は，「個人がその真に自認する性別に即した社会生活を送ることができることは，重要な法的利益」であると認め，さらに進んで，トイレの利用に関し，「男女別のトイレを設置し，管理する者から，その真に自認する性別に対応するトイレを使用することを制限されることは，当該個人が有する上記の重要な法的利益の制約に当たる」と判断した点において意義のあるものである。本件では公務員の職場が問題となったが，上記判決が述べることからすれば，民間の職場においても，性自認に従ったトイレの利用の制約については，同様の考えが及ぶものと考えられる。

また，上記のとおり，本判決では，性自認に従ったトイレの利用について重要な法的利益であることが認められた一方で，男女別のトイレが設置されている状況下においては，他の利用者への配慮の必要性も認めており，実際において，トイレ設置・管理者においては，両者のバランスをいかに図るかが難しいと思われる。

この点，本判決において，トイレの設置管理者において求められる他の利用者への具体的な配慮の必要性や方法について「一定又は不変のものと考えるのは相当ではなく，性同一性障害である職員に係る個々の具体的な事情や社会的な状況の変化等に応じて，変わり得るもので」あると指摘しており，トイレの設置・管理者において，個別の事情や，社会の状況の変化を常に意識しつつ，柔軟に対応することが求められているといえよう。

◆

第２章　Bostock v. Clayton County 事件

［１］ 事案の概要

2020年６月15日，米国連邦最高裁判所は，従業員がゲイであること，トランスジェンダーであることを理由とする解雇は公民権法（1964年）第７編に違反して無効であると判断した（以下，「本件」又は「本件判決」）。

本件は，３つの事件からなる。下記⑴，⑵事件はゲイであることを理由とする解雇事件であり，⑶事件はトランスジェンダーであることを理由とする解雇事件である。⑴事件が本件判決の総称として用いられている。

⑴ Bostock v. Clayton County 事件

ジョージア州クレイトン郡において，子どもの福祉に関する仕事に就いていた原告（Gerald Bostock）は，10年間の勤務の後，ゲイのソフトボールリーグに参加した。ほどなくして，地域社会において影響力を有する人々がBostock 氏の性的指向及び上記リーグ参加について誹謗するコメントを行った。すぐに，Bostock 氏は，郡職員として「ふさわしくない」行いをしたとの理由で解雇された。

⑵ Altitude Express, Inc., et al v. Zarda et al 事件

Donald Zarda 氏は，Altitude Express 社においてスカイダイビング

のインストラクターとして勤務していたが，数シーズン同社に勤務した後，自身がゲイであることを口にすると，数日後に解雇された。

⑶　Harris Funeral Homes, Inc., v. EEOC 事件

Aimee Stephens 氏は，Harris Funeral Homes 社において勤務していたが，職を得たときには男性として振る舞っていた。しかし，2年間勤務をした頃，彼女は絶望と孤独のために治療を受け，最終的には医師によって性別違和の診断を受け，女性としての生活を始めるように進言された。6年間の勤務の後，彼女は，会社に対して，次のバケーションから戻った際には，「女性としてフルタイムで生活し，仕事をする」計画をしていることを手紙で説明した。会社は，彼女がバケーションに出発する前に，「その計画はうまくいかない」と述べて，彼女を解雇した。

［2］　公民権法第7編の紹介と本件の論点

⑴　公民権法第7編の紹介

米国においては伝統的に，期間の定めのない雇用契約はいずれの当事者もいつでも自由に解約できるものとされ（この点はわが国の民法627条1項も同じである），この解雇自由原則に対して，労働協約による正当事由条項，制定法による制限という2つの外在的制限が発展したとされる。本件については，公民権法（1964年）第7編による差別的解雇禁止の適用の有無が問題になった。

同法においては「個人の人種，肌の色，宗教，性別（sex），出身国を理由として（because of），使用者が，当該個人の採用を拒否もしくは採用をしないこと，又は解雇すること，又はその他に雇用上の給与・処遇・権利の面で差別をすることは違法である」との定めがある。そ

の適用を受ける使用者は，州際通商に影響を与える産業に従事し（これは非常に広く解されている），当年又は前年において20週以上の各労働日に15人以上の被用者を使用するものという要件がある。

第７編は，法施行のための特別の機関として，EEOC（Equal Employment Opportunity Commission，雇用機会均等委員会）を設置している。EEOC は，法の内容について各種ガイドラインを作成するのみならず，具体的事案において被害者の申立てに基づき調査を行い，適切な自主的解決を促す。また，それが成功しない場合は，被害者に代わって使用者を相手に訴訟を提起する権限も有する＊[1]。

2012年，EEOC はトランスジェンダーを理由とする職務差別は第７編のもとで禁止されると決定し，さらに2014年には私企業に対する２件の訴訟を提起した。このうち，１件が Amie Stephens を解雇した Harris Funeral Homes 事件（前記［**1**］⑶）である。

⑵　本件の論点

上記⑴で示した公民権法第７編は，法文上，「性別（sex）」を理由とする解雇等を違法としているが，文言上は，性的指向（Sexual Orientation）・性自認（Gender Identity）は差別禁止事由のリストに含まれていない。

そのため，連邦議会上院・下院において，数次にわたり，公民権法の定める差別禁止事由のリストに「性的指向・性自認」を加えようとする改正案が提出されながら，今日まで成立していない。

こうした背景を踏まえて，性的指向・性自認を理由とする解雇等が公民権法第７編に違反するものか否かが本件の論点となった。

また，裁判所の役割，特に立法との関係も大きな比重を占める論点となっている。

＊１　以上は，中窪裕也『アメリカ労働法〔第２版〕』〔弘文堂，2010年〕による。

[3]　最高裁判所の判断

最高裁判所は，上記［1］の(1)ないし(3)の事件のいずれについても解雇は公民権法（1964年）第7編に反するものであると判断した。

(1)　結論の明瞭性

使用者が，ある従業員を，ゲイ又はトランスジェンダーであるというだけの理由で解雇することができるかが本件の問題であり，「答えは明瞭である。ある個人がゲイ又はトランスジェンダーであることを理由に解雇する使用者は，他の性別に属する者については問題にしないであろう特徴ないし行為を理由に当該者を解雇したものである。性別が，当該決定において必要かつごまかしようがない役割を果たしているのであって，これはまさに第7編が禁じているところである」。

「立法当時はまったく想定されていなかったであろうし，立法者がこの判決を予想したとは思われないが，起草者の想像力に限界があるからといって，そのことは，法の要求を無視する理由には全くならないし，書かれた言葉こそが法なのである」。

(2)　文言主義の宣言——法解釈の方法

「当法廷は，通常，法律の解釈を，制定当時のその言葉の持つ通常の一般的意味に沿って行う。」。裁判所がテキスト外の情報や想像力によって，それに付け足しや組み替え，アップデートや引き算を行ってしまえば，議会を経ずに立法がなされてしまうことになる。当法廷の使命は第7編の命令の普通の一般的意味を決定することにある。

(a)　各文言の解釈

本件で問題になるのは「性別（Sex）」のみであり，1964年当時の国語辞典によれば，性別は「生殖医学によって決定された男性又は女性のいずれかの状態」である。本件では，性別とは，男女の生物学的区別であることを前提に議論を進める。

「理由として（because of）」については，「by reason of, or, on account of」の意味である。この判断の定式について，判例により，「But-for テスト」（条件関係テスト又は「あれなくばこれなし」テスト）を行うものである。

But-for テストに関しては，１つのできごとに複数の理由がある場合もあるが，第７編の適用にあたっては，判例上，使用者が他の要因もあることを示したからといって責任を免れるものではない（法文上も，「主として」とか「専ら」などの文言がない）。

差別する，とは，「ある者を他の者と比べて，異なる扱いをする又はひいきすること」である。いわゆる差別的取扱い（disparate treatment）の事件では，判例上，当該取扱いが意図的になされたものであることを要する。

また，法文が個人（individual）を３回用いていることからすれば，全体として男性と女性を公平に扱っているとか，全体としては女性を優遇しているという事情があっても，当該個人に対する差別の成否には関係がない。

(b) 得られる結論

このことから，次のルールが現れる。

すなわち，使用者が，ある個人（従業員）を性別に基づいて（一部においてであっても），意図的に解雇した場合には，第７編違反となる。その際，原告の性別のほかに他の要因が当該解雇の決定に寄与していたとしても，そのことは問題にならない。また，全体としての男性に比べて全体としての女性を平等に扱っていたとしてもそのことも問題とはならない。もし，使用者が当該従業員の解雇に際して，当該従業員の性別に部分的であっても意図的に依拠した場合，言い換えれば，従業員の性別を入れ替えたとしたら別の決定を使用者がしていたならば，法の禁ずる差別が生じることになる。

ゲイ又はトランスジェンダーであることに基づく差別は性別を理由として従業員個人を差別していることを前提にしているものであるがゆえに，ゲイ又はトランスジェンダーであることを理由に従業員を故意に解雇した使用者は第７編に違反したというべきである。男性に性的に惹かれる２人の社員，１人は男性で１人は女性を思い浮かべ，使用者が男性従業員を，男性に惹かれるからという理由だけで解雇したとすれば，それはとりもなおさず，女性従業員との関係では許している特徴ないし行為を理由に男性従業員を解雇したのであり，性別を理由に差別していることにほかならない。トランスジェンダーについても同様である。

使用者側にゲイ又はトランスジェンダーであることのほかにも理由があって解雇をしたような場合でも第７編はそのことには関心を有しない。意図は性差別とは別のところにあるという言い分があってもそれは成り立たない。

本件はいずれも明白な意味の法律用語を端的に適用したという以上のものではなく，一貫して第７編によって禁じられてきたものであり，これ以上の分析は不要といわねばならない。

⑶　リーディング・ケースによる支持

念のため述べておけば，以下の３つのリーディング・ケースもこの結論を支持するものである。

⒜　Phillips v. Martin Marietta Corp. 事件

本件で，会社は，小さな子どもをもつ女性の雇用を拒否した一方，同じ年齢の子どものいる男性は採用した。この差別は，性別だけではなく，小さな子どもの親という別の基準も存在していて，会社は性別を理由とするものではないと主張し，さらに会社は，全体としては，男性より女性を採用しているとも主張したが，当該主張は退けられ，第７編違反と判断された。

(b) Los Angeles Dept. of Water and Power v. Manhart 事件

年金の積み立て額について，男性より女性に多くを要求した事案で，会社は平均寿命を理由として女性のほうが男性より長生きするし，将来的には女性のほうが多く年金を受けられるから差別にあたらないと主張したが，総体としての男女の平均寿命に関する統計的事実にかかわらず，当該女性個人が長生きするとは限らないし，個人に対する性別を理由とする差別を構成する。

(c) Oncale v. Sundowner Offshore Services, Inc. 事件

男性原告が，男性同僚からセクシュアルハラスメントの対象にされたとして訴えた事件で，差別をした従業員が被害者と同性であることは本質的なことではなく，男性全体が当該差別の対象になっているとか，被害者の行動その他のような性別以外の要素が当該差別に寄与していることは第７編違反の成否とは関係がなく，当該男性が仮に女性であれば同様の被害を受けなかった以上は，第７編違反を構成する。制定当時の議会は，同性間のセクシュアルハラスメントを主要な害悪として懸念していなかったのは間違いないが，我々が支配されているのは制定当時の立法者の主たる懸念ではなく法の条文である。

これらの事件から得られる教訓は３つある。

第１に，使用者が差別的慣行を何と呼ぼうと，第７編違反の成否とは関係ないということ。Manhart 事件では女性がより多くの積み立てをする理由を「平均余命」による性別間の平等実現のために必要な調整と主張し，Phillips 事件では，「母であること」に基づく雇用方針で

あるとした。本件の使用者らは，解雇の動機は従業員の性別ではなく，ゲイ又はトランスジェンダーであることによるものだと述べるかもしれないが，Manhart 事件・Phillips 事件においてラベルや追加的な意図・動機が第７編違反という結論に違いをもたらさなかったのと同じで結論を左右しない。使用者が従業員をゲイ又はトランスジェンダーであることを理由に解雇した場合には，使用者は必然的かつ意図的に一部において性別を理由として差別をしたものであり，これにより第７編違反の責任が生じる。

第２に，原告の性別は差別的取扱いの主要な，又は唯一の理由である必要はないということ。Phillips 事件・Manhart 事件・Oncale 事件のいずれにおいても，被告は，性別以外の，法による保護の対象となっていない特徴を容易に指摘することができ，それこそが不利益な取扱いのより重要な要因だったと主張した。本件でも性別以外の要因，すなわち原告がどちらの性別に惹かれるか，又はどちらの性別として振る舞っているかが使用者の決定に重要な役割を果たしているかもしれないが，それは意味を持たない。

第３に，総体として男女を平等に扱っていても責任を免れないということ。Manhart 事件が示すように，男女の総体としての平等を促進するために男性よりも女性のほうが多くの年金を支払わなくてはならない仕組みを個人の女性従業員に求めた使用者は責任を負う。同じように，個人の性別を理由の一部として意図的に解雇した使用者は，すべての男性・女性のゲイ又はトランスジェンダーを同じルールに服させていたとしても，責任を負うものである。

(4)　反対意見等への応答

法廷意見は，ここから使用者側の主張や２人の裁判官が執筆した反対意見に応答する議論を行うが，紙幅の関係で割愛する。

(5) 反対意見（アリート裁判官〔トーマス裁判官が同調〕，カヴァノー裁判官）

アリート裁判官の反対意見は詳細を極めるものであるが，主要な議論に限れば，①連邦議会が，第７編に性的指向・性自認を加える議案を否決していることからすれば，第７編はそもそも性的指向・性自認による差別を禁止していないこと，それを差別とするのは立法府の仕事であり，権力分立に反すること，②性別（Sex）という単語の意味には性的指向・性自認は普通含まれないこと，性的指向・性自認による差別は，性差別とは別の概念であること，また性的指向・性自認による差別は性別を知らずとも行うことが可能であり，意図性の要件を満たさないこと，多くの制定法（国内外）において，性差別と性的指向による差別は別の文言であること，③制定当時の性，性的指向に関する一般の理解によれば両者はまったく別物であること，性自認についてはおよそ一般に理解されてすらいなかったこと，④この判決が多くの法律，法分野に多大な影響を及ぼす懸念があることなどである。

結びにおいて，アリート裁判官は，今日，多くのアメリカ人が，ゲイ，レズビアン，トランスジェンダーである個人を知り，彼／彼女らが，誰もがそれに値する尊厳，配慮，公正さをもって扱われることを望んでいることを指摘しつつ，裁判所の権限は何が法であるかを述べるに限られるとする。

カヴァノー裁判官の反対意見も基本的にはアリート裁判官と同じ問題意識からのものであり，性別による差別には，性的指向（彼は性自認にはほとんど触れていない）による差別は含まれず，本件は裁判所の有する法律の解釈の限界を超えており，この結論は立法府の権限に属するものであって，許されないという趣旨のものである。

［4］ 検　　討

(1) 直接の影響

米国に拠点を有し，公民権法（1964年）が適用される事業者にとって，本件判決が直接の影響を及ぼすことはいうまでもない。

同法の適用を受ける使用者は，本件判決以後，ゲイ又はトランスジェンダーであることを理由として従業員を解雇することは公民権法第７編違反にあたることになる。

（本件判決は全９名の最高裁判所裁判官のうちの６名によるものであり，残り３名の裁判官による反対意見（アリート裁判官〔トーマス裁判官同調〕，カヴァノー裁判官）がある。最高裁判所の裁判官は一般に保守系，リベラル系に二分されるが，2020年９月に逝去したリベラル派のギンズバーグ裁判官も本件の多数意見に加わっていた。同裁判官の後任者として，トランプ大統領（当時）によって最高裁判所裁判官に指名され上院の承認を受けたバレット氏は保守派であるが，この１票が入れ替わると考えても，５対４の判決となり単純計算では結論は変わらない。）

(2) 本件判決のロジック

本件判決は，法文における「性別（sex）」は生物学上の男女の別の意味であること（すなわち，性的指向・性自認まで含む概念ではない）を前提とした上で，ゲイ又はトランスジェンダーである従業員をそのことを理由として解雇するのは，別の性別であれば問題とされない行為，特徴を理由に解雇しているものであって，公民権法第７編が禁止する性別を理由とする解雇であるとするものである。シンプルかつ強力な議論であるといえよう。

上記［2］(2)で紹介したとおり，連邦議会上院・下院において公民権法の定める差別禁止事由のリストに「性的指向・性自認」を加えようとする改正案は成立していない。

本件判決に対する反対意見の論旨の１つは，法廷意見は権力分立に反するという議論であった。確かに，公民権法第７編の法文上の「性別（sex）」に「性的指向（sexual orientation）・性自認（gender identity）」を含むと解釈するとすれば，議会において成立していない立法作用を司法府が行ったという見方もできよう。しかし，多数意見は「性別」についてそのような読み方はしていない。

多数意見は，問題となる条文の文言（「性別」）の解釈として，「通常の」意味として，生物学上の男女の別を指すという解釈を採用した上で，自らの判例をも参照しつつ，事実に法律を適用しているにすぎないのであって，立法作用であるという批判はあたらない（裁判所として，法を解釈して事実に適用するという作用を果たしただけだ）と応答した。

ところで，人工妊娠中絶・同性婚と並んで，アメリカの保守層・リベラル層の見解が激しく対立する論点について，法廷意見を執筆したのはニール・ゴーサッチ裁判官であった。

保守派のアントニン・スカリア裁判官が2016年２月に逝去したのち，オバマ政権下では後任が指名されなかった。2017年にトランプ大統領（当時）によって指名されたのが保守派とされているニール・ゴーサッチ裁判官である。

そして，反対意見を執筆したアリート裁判官（ブッシュ（子）大統領指名）もカヴァノー裁判官（トランプ大統領指名）も保守派である。

保守派の裁判官が法廷意見・反対意見に分かれて，故スカリア裁判官の主張してきた法文主義（Textualism）を掲げ，スカリアの著書をも引用しつつ，（時として互いをののしるような）論戦を繰り広げる様子は，極めてスリリングではあるが，法廷意見の側からは「性別」という法文は生物学的性別のことであり，この解釈こそ法文主義にかなうと述べるのに対して，反対意見の側からは法文主義によれば「性別」と「性的指向・性自認」は別の概念であるということになる。

結論への賛否は分かれようが，LGBT の雇用の場面における差別に対する法の姿が，保守派の裁判官の執筆による法廷意見によって示されるに至ったということだけは確かなようである。

⑶　わが国における企業法務への示唆

上記⑴で示した直接の影響以外に，わが国企業法務に対しても政治的・経済的・人的なグローバル化のためにさまざまな影響はあり得よう。

もっとも本件と同様の事案がわが国で裁判所に持ち込まれたとしても，結論として当該解雇は無効と判断されるであろう。

周知のとおり，民法627条１項が解雇の自由の原則を定めつつ，わが国においては，最高裁判所の判例上，「使用者の解雇権の行使も，それが客観的に合理的な理由を欠き社会通念上相当として是認することができない場合には，権利の濫用として無効になる」*2とされ，平成19年には労働契約法16条において「解雇は，客観的に合理的な理由を欠き，社会通念上相当であると認められない場合は，その権利を濫用したものとして，無効とする。」として解雇権濫用規制が明文化された。

解雇権濫用規制に関する裁判所の裁判例の蓄積から実務家が抱く感覚としては，解雇権行使のハードルの高さであり，従業員がゲイ又はトランスジェンダーであることを理由とする解雇など，到底有効とされる余地はないと見るのが実務家一般の一致するところであろう。

結論に飛びついた後ではあるが，「性別」という文言の解釈論の状況をみると，わが国における性差別に関する立法例（憲14条，国公27条，労基４条，雇均５条・６条）における「性別」という文言は，やはり基本的には，生物学的な男女の差を意味すると解するのが一般的であろう。もっとも，長谷部恭男編『注釈日本国憲法⑵』〔有斐閣，2017年〕

＊2　日本食塩製造事件・最〔２小〕判昭和50年４月25日民集29巻４号456頁。

178頁〔川岸令和〕は，「性別」とは男女の区別のことであるとしながら，男女の性差は染色体の組み合わせの違いによる生物学的なものだけではなく，社会的・文化的なものをも含む，としているし，辻村みよ子ほか編『概説憲法コンメンタール』〔信山社，2018年〕97頁〔糠塚康江〕も同様の解釈を示して，LGBTI（LGBT に Intersex の頭文字を加えたもの）に対する差別も当然に禁止されるとする（ただ，その理由付けは明らかではない）。

労働法の見地から，「性別」という文言をどう解釈するかについては，一般的な労働法の体系書・概説書においては特段の言及は見当たらない。ただ，労働法規の中でも母性保護に関する条文については生物学的女性を前提にしていると解される。また，雇用機会均等法がリードする男女差別の禁止についても生物学的性別を前提としているのではないかと思われる。

仮に「性別」という文言が生物学的な男女の別を指すもので，性的指向・性自認は含まれないという解釈をとったとしても，例えば，雇用機会均等法６条は，労働者の配置・昇進・昇格及び教育訓練などについて，労働者の「性別を理由として差別的取扱いをしてはならない」旨を定めていることからすれば（この定め方はほとんど公民権法第７編に等しい），LGBT である従業員がそうした差別的取扱いを受けている場合には，本件判決のロジックを参照し，当該従業員の生物学的性別が異なれば受けなかった差別であるとして性別を理由とする差別的取扱いをしたものと解する可能性があるということである。

採用の場面でも，やはり当該理由による不採用の決定は違法の評価を受けるものと考えられる（法的には損害賠償請求の肯定ということになるであろうが）。

(4) 残された問題と展開

本件判決によってもなお残された問題として，トイレ・更衣室などの性別によって男女別に設けられる施設についてどう考えるべきかがある。アリート裁判官は反対意見の中で，法廷意見に従うと甚大な波及的効果があるということを指摘し，トイレ・更衣室の利用についてもその1つだと述べた。

法廷意見は，そのことを含め，波及的問題については判断をしない，最高裁は目の前の事件について判断するのであり，波及的問題が最高裁に係属したときにはじめて判断するのだ，と応じたため，この点は未解決の問題として残されている。

（本書の読者であれば，トランスジェンダーのトイレ・更衣室問題となれば，経産省事件等の関連事件を想起するであろう。本件判決についてもう1つコメントをしておくと，本件判決は，トランスジェンダー従業員の見た目や当人に対する社会の受け止めについて（パス度関連）の議論は一切なされていない。妥当である。）

本件判決の約2ヵ月後の2020年8月26日，合衆国第4巡回控訴裁判所は，本件判決に大幅に依拠して，学校における男女別トイレについて性自認に沿ったトイレの利用を認める内容の判決を下した。

同判決は，最高裁判所による本件判決の後となっては，FtMトランスジェンダーを少年用トイレから締め出すトイレ政策が「性別を理由とする」ものであると判断するに何ら困難がないとして，学校における公民権法第9編についても本件判決の考え方は導きになるものであり，結論として，「解決は明白である。彼に少年用トイレの利用を許すことである」，「連邦司法の最も誇らしい瞬間は過去の偏見を保持することではなく，輝かしい若者たちの芽吹きつつある価値を承認する時であ」り，「前に進むべき時だ」と述べた*3。

＊3　Grimm v. Gloucester County Sch. Bd., 972 F. 3 d 586 (4 th Cir. 2020)

これに対しては，トイレ政策を管轄する教育委員会から連邦最高裁判所に宛てて2021年2月21日に裁量上告（Certiorari）の申立てがなされている。

(5) バイデン大統領の誕生と大統領令

2021年1月20日に米国大統領に就任したジョー・バイデン氏は，直ちにLGBTに関する大統領令に署名した。

これは，すべての人が，どのような人であれ，誰を愛する人であれ，敬意と尊厳をもって扱われるべきであり，性自認又は性的指向の如何にかかわらず，法の下で平等な取扱いをされるべきであること，このことが憲法，差別禁止立法，とりわけ公民権法（1964年）第7編に反映されていること，Bostock v. Clayton County 事件（本件判決である）において，最高裁判所が，第7編による「性別による」差別の禁止は，性自認・性的指向を理由とする差別をカバーすると判断したこと，Bostock 事件判決の理由付けのもと，性差別を禁止する諸法令は，原則として性自認・性的指向を理由とする差別を禁止するものであることを示した上で，こうした差別（とりわけ，インターセクショナリティ（異なる理由付けの差別が重複する差別。大統領令は黒人トランスジェンダーを例示する））の防止に取り組むことを政策として掲げ，その実現のために政府機関に対して必要な措置をとることを求めるものである。

子どもの校内でのトイレへのアクセスにも言及する内容であり，上記(4)でアリート裁判官が反対意見において法廷意見の波及効果を懸念すると述べたことを紹介したが，新たな大統領令は，本件判決を援用しながら，政権の政策を示したものとなっている。

◆

巻末資料

企業における
取 組 事 例

[1] はじめに

国内の企業は，実際にLGBTに関してどのような取り組みをしているのであろうか。三菱UFJリサーチ&コンサルティング株式会社が「多様な人材が活躍できる職場環境に関する調査」（令和元年厚生労働省委託事業）を行い，2020年3月に「多様な人材が活躍できる職場環境に関する企業の事例集～性的マイノリティに関する取組事例～」（以下，「本事例集」という）を厚生労働省のホームページで発表しており＊1，参考になる。ここでは同省の許諾のもと参考事例等の一部を抜粋して紹介する。

なお，引用に際して本書との表現上の統一（文体やLGBT関連の用語）を行うため一部の字句の変更を行った。

[2] 企業がLGBTに取り組む意義（本事例集19頁～26頁）

(1) 多様な人材が活躍できる職場環境の調整

事例1 **岐阜県／製造業／100人未満**

・高齢の職人が多い状況の中で，技術伝承がうまくいかず，新しく入社した人材の定着が難しかったことから社内の雰囲気を変えるため，2017年ごろから雇用・採用方法の改革に着手した。町工場に新たな感性や想像力をもたらしたいと考えたとき，企業としての特徴付けを行う必要を感じ，ダイバーシティに取り組むようになった。

＊1　https://www.mhlw.go.jp/content/000630004.pdf

事例3　**福岡県／サービス業（他に分類されないもの）／100人～300人**

・当時130人ほどの従業員がいたが，統計上は10人程度の当事者がいてもおかしくないと認識したことが，取り組みを推進するうえで大きな動機になったといえる。

事例5　**北海道／医療，福祉／301人～1000人**

・法人の中期計画を検討するなかで，人手不足への対応が大きな課題となっていた。
・そうした折に，性的指向・性自認に関する新聞記事を目にした。これが契機となり，様々な人が自分の気持ちを隠さずに働ける環境であれば，求職者が増えるのではないかと考えるようになった。

事例6　**愛知県／運輸業，郵便業／100人～300人**

・中小企業にもかかわらず，新卒の応募者が，去年，一昨年もそれなりにあり苦労していない。性的マイノリティの当事者のみならず，ダイバーシティの取り組みに共感して入社する多様な人材が多い傾向にある。

(2)　性的マイノリティの当事者が働きやすい職場づくり

事例9

・新入社員にトランスジェンダー（FtM）がいたことがある。エントリー時に提出された資料においてカミングアウトをしていた。当人が当事者であるということは，採用に関わった人事担当者と上司だけが知っていた。当人は，「男性として働くことができればそれでよい。」と話していた。

事例10

・当事者である社員は，入社後，社内でLGBTに関する勉強会が行われ，その勉強会を通じてLGBTという言葉を知ったようである。その後，この取り組みができるのは自分しかいないと思い，自ら手を挙げてくれたことがきっかけで，取り組みが始まった。人事・総務・広報部門もその社員のフォローをしながら共にプロジェクトを立ち上げ，社内外での啓発活動にも積極的に取り組んでいる。

(3)　人権尊重やコンプライアンス対応の観点

事例12　**大阪府／金融業，保険業／1001人以上**

・2008年から人権研修において，LGBTに関するテーマを取り上げてきた。背景として，2004年に「性同一性障害者の性別の取扱いに関する特例法」が施行され，お客様および従業員対応においても，性的マイノリティについて基本的な知識を学ぶ必要性が生じていたことがある。

・その後，2017年より，性的指向・性自認に関する文言を盛り込んだダイバーシティ推進方針の策定，福利厚生制度の整備，社内の啓発等取り組みを広げている。

(4)　事業やサービスの展開の契機

事例14　**東京都／金融業，保険業／100人～300人**

・サービス・商品におけるLGBT対応を進めることが決まり，その後，全職員に向けた研修の導入などの整備にも活動を拡大した。

事例16　**福岡県／不動産業，物品賃貸業／301人～1000人**

・会社代表がLGBTの啓発活動を行うNPO団体の代表者と知り合い，当事者や同性カップルが賃貸住宅を借りる際，様々な壁がある実情を知ったことで，取り組みの必要性を認識した。

・まずは，LGBTを正しく理解するための，賃貸仲介を担当する部門（約100名）の社員に向けて，NPO団体の代表者を講師に招き勉強会を行った。正しく理解をするために常に最新情報の更新が必要なため，その後も継続的に勉強会を開いている。

[３]　具体的な取組内容（本事例集27頁～42頁）

(1)　方針の策定・周知や推進体制づくり

(a)　企業の姿勢・方針を明確にして周知した事例

事例17　**福岡県／サービス業（他に分類されないもの）／100人～300人**

・性的指向や性自認について取り組むことを決めてから，まず，企業行動憲章の改定を行った。条文を追加し，性的指向・性自認にもとづく差別をしないということを示した。

事例18　**東京都／運輸業，郵便業／1001人以上**

・トップがコミットメントし，多様な人財の活躍を推進する「ダイバーシティ宣言」を発表。また，CSR の取り組みとして人権の尊重を掲げ，その中に性的指向・性自認による差別の撤廃を明文化。

・推進体制として，人事担当部局の中で，性的指向・性自認に関する担当者を決めて取り組んでいる。

事例19　**東京都／運輸業，郵便業／1001人以上**

・就業規則に性的指向・性自認に関する差別禁止を明記している。

・推進体制として，人事労務担当部署の担当者１人をあてている。当事者の採用面接にも携わり，当事者とのコミュニケーションも行っている。属人的な支援とならないために後継者を育てることが課題と認識している。

事例20 **福岡県／不動産業，物品賃貸業／301～1000人**

・不動産オーナーに対しての広報活動を実施している。
・コーポレートサイトには，レインボーマークを表示し広く企業姿勢を示している。

(b) LGBT 当事者から意見聴取をした事例

事例21 **大阪府／情報通信業／1001人以上**

・毎年，全従業員を対象に，ダイバーシティ推進度を測ることを目的とした無記名のアンケートを実施している。LGBT に限らず，ダイバーシティ全般の推進度を定点観測しているものである。
・アンケートの自由回答の中に，「各種手当が法律婚のみを対象にしているのは冷たい」や，「LGBT であることを言える風土がない」など，当事者が感じている困りごとが書かれていた。これを機に，社内での性的指向・性自認に関する取り組みの検討が始まった。
・社員全体の LGBT に対する理解度や要望についてもアンケートを通じて把握している。

事例22 **東京都／運輸業，郵便業／1001人以上**

・ハラスメント対応に関する相談窓口と同性パートナー等の福利厚生制度に関する相談窓口を設けている。いずれも社内の窓口で，匿名での問い合わせが可能となっている。
・社内のイントラネットには，担当者の連絡先を掲載しており，性的マイノリティ当事者から直接相談が来ることもある。相談窓口への問い合わせ件数は，年に数件程度ある。同性パートナーシップ制度の手続に関するものや，職場での困りごとに関する相談が多い。

(2)　研修・周知啓発などによる理解の増進

事例23　**北海道／宿泊業，飲食サービス業／100人〜300人**

・責任者会議にて，LGBT についての各回20分程度の研修会を数回にわたって実施している。LGBT に関連する用語や実態について勉強している。勉強会においては，札幌市が公開している資料を活用している。責任者は，受けた研修の内容を朝礼や昼礼で展開している。

事例24　**北海道／医療，福祉／301人〜1000人**

・研修を実施することにしたが，実施に際して，職員からは様々な反応があった。例えば，職場で冗談が言えなくなってしまうのではないかと懸念する職員もいた。しかし，そうした職員でも実際に研修に参加してみると前向きな反応があった。研修では，使ってよい言葉・悪い言葉や，当事者がどの程度いるのか，海外と比較した日本の状況などについて学んだ。

事例25　**埼玉県／医療，福祉／100人未満**

・法人全体に対しては，LGBT に関する法人内研修を実施している。各事業所の管理者や人事労務管理担当者に対しては，外部で実施されている研修を活用し，さらに理解を深めるよう取り組んでいる。内部での研修では外部講師を招くことで，法人としての取り組みに対する本気度を職員に感じ取ってもらうことを意図した。
・外部講師を招いての研修は A 日程，B 日程の 2 日間を用意し，都合のよい方に参加できるよう工夫した。研修では，性的マイノリティの当事者にゲストスピーカーとして参加してもらい，当事者の話を直接聞ける機会とした。

事例26　東京都／製造業／1001人以上

・新任マネジメントおよび希望者に対して相談対応の研修を実施している。部下など身近に当事者がいた場合にどうするべきかなどを話し合っている。

事例27　大阪府／情報通信業／1001人以上

・本社の管理職全員を集め，外部講師を招いた研修を実施した。当事者が各種制度を利用する際は管理職に相談がある可能性が高いことから，管理職として気を付けなければならない言動や，カミングアウトがあった際の対応などについての研修を実施した。
・部長級への昇任者を対象とした研修にもLGBTに関する内容を取り入れている。具体的な対応だけではなく，社会的背景や経営への影響についても説明している。
・eラーニングによる全社員向け研修においても，LGBTに関する内容を取り入れている。また，知識はあっても感情的には理解できないという人もいるため，理解促進を目的として映画上映会を開催したことがある。

事例28　東京都／運輸業，郵便業／1001人以上

・性的指向・性自認に関する取り組みとして，まず最初に，役員向けの研修を行った。社外の当事者からLGBTに関する基本的な知識に関する研修を行ってもらった。その後，全社員に向けたeラーニングを行った。
・現在では，新任管理職研修や階層別研修において継続的な研修の機会を設けている。客室乗務員や空港スタッフなど，顧客と直に接する職種に対しても研修を実施している。
・業務上，海外との接点も多く，「自分たちは理解できている」と考えてしまうこともある。研修・教育においては，誤解を解くという点を重要視している。

(3)　相談体制の整備

事例31　**福岡県／サービス業（他に分類されないもの）／100人～300人**

・ダイバーシティ＆インクルージョン推進室を相談窓口としているほか，外部の相談窓口業務を当事者団体に委託している。社内のチャットシステムで，当事者団体の代表とチャットできる。また，当事者団体の代表が２週間に１度は来社して相談対応できるようにしている。

事例33　**東京都／運輸業，郵便業／1001人以上**

・ハラスメント窓口とは別に，性的指向・性自認に関する相談窓口を新設した。相談窓口の電話番号は担当者への直通番号となっており，担当者の性別に希望がある場合に備えて男女３名体制で対応している。
・上記窓口については社内ポスター等で周知しており，これまで実際に相談を受けている。

事例34　**東京都／運輸業，郵便業／1001人以上**

・ハラスメント対応に関する相談窓口と同性パートナー等の福利厚生制度に関する相談窓口を設けている。いずれも社内の窓口で，匿名での問い合わせが可能となっている。
・社内のイントラネットには，担当者の連絡先を掲載しており，性的マイノリティ当事者から直接相談がくることもある。

(4)　採用・雇用管理における取り組み

(a)　採用時における配慮事例

事例35　**岐阜県／製造業／100人未満**

・採用ポリシーにおいて，差別を行わないことを明記している。

・自社のエントリーシートには性別欄を設けていない。
・LGBT フレンドリー企業として当事者を雇用する用意があることはアピールしているが，同時に町工場独自の魅力，ものづくりへの関心が必要であることを伝えることも重要視している。

事例36　**愛知県／運輸業，郵便業／100人～300人**

・オリジナルの履歴書を作成し，性別欄をなくすとともに，配偶者の有無を聞く項目では，「配偶者」と「パートナー」の文言を併記している。

事例37　**東京都／製造業／1001人以上**

・面接官向けのガイドラインを策定している。カミングアウトの強制の禁止や身体の状態についての質問の禁止，カミングアウトを受けた際の対応方法や入社後の手術の予定を告げられた際の対応方法等について定めている。
・自社のエントリーシートには性別欄を設けていない。

(b)　配置・昇進・昇格等における配慮事例，ハラスメントやアウティングの防止事例

事例38　**北海道／医療，福祉／301人～1000人**

・「ハラスメントのない職場を作ろう！」というポスターを作成し，オフィスに掲示している。ポスターの中に，性的指向・性自認に関する基本的な情報を記載のうえ，相談者の連絡先を掲載し，相談できるようにしている。

事例39　**福岡県／不動産業，物品賃貸業／301人～1000人**

・2017年に就業規則の変更追加を行い，「人事異動に当たり，性的指向や性自認に起因した差別を行わない」こと，「セクシュアルハラスメ

ント等により，他の従業員および会社に，不利益または不快感を与える」ことが懲戒理由となることを明記した。なお，セクシュアルハラスメントの中には，LGBT に対する不適切な言動を含むものとした。

・2019年には，就業規則において，ハラスメントの中には，性的指向・性自認（いわゆる LGBT などの性の多様性）に対する不適切な言動やカミングアウトの強要，アウティング（本人の了承を得ずに暴露すること）を含むものとすることを明記した。

・2008年よりプライバシーマークを取得している。守秘義務や個人情報の取扱い等に関して遵守は勿論のこと，社員教育に関してはｅラーニングを利用して正しい知識や情報を共有している。不動産業であるため，多くの個人情報を取り扱う業界であり，社内における事項でも同様で，情報の取扱いを慎重にしている。

事例40　**東京都／情報通信業／1001人以上**

・ハラスメント一般に関して，ハラスメント防止のためのガイドブックを作成している。ガイドブックの中で，性的指向・性自認に関するハラスメントについても記載している。また，ハラスメント全般については，管理職向けの研修も実施している。

(5)　福利厚生における取り組み

事例41　**東京都／サービス業（他に分類されないもの）／100人～300人**

・婚姻同等の関係にある同性カップルや，異性間・同性間を問わず事実婚をした社員に対して，「結婚休暇」の付与，「結婚祝金」の贈呈，「出産祝金」の贈呈を認めている（パートナーシップ制度）。

事例42　**大阪府／建設業／1001人以上**

・2019年11月に，同性及び事実婚のパートナーを法律婚の夫婦と同等とみなす制度をスタートした。社内規則や福利厚生制度の適用について，法律婚の男女とほぼ同様である。

・関係性証明の要否については社内でも議論があったが，法律婚は扶養登録しない場合，証明書類を求めておらず，同性パートナーも同じ取扱いとした。

事例43　**東京都／製造業／1001人以上**

・パートナーを「配偶者」とみなして，家賃補助などを行っている。

・「配偶者」とみなすために，住民票の提出を要件としており，住民票においては，住所が同一かどうかを確認している。その他，18歳以上であること，配偶者がいないこと（事実婚を含む），近親者（三親等）以内ではないこと（養子縁組などは除く）を条件としている。事実婚などの場合でも利用が可能。

・パートナーを申告するなど各種の人事手続は，アウトソーシングしている。そのため，直属の上司を含め，社員の目に触れることなく申請と制度の利用が可能になっている。また，制度の利用に関する状況は，人事部の限られた担当者のみが把握が可能で，それ以外の社員には情報が明かされないようになっている。

事例44　**東京都／運輸業，郵便業／1001人以上**

・会社の定める同性パートナー登録を行った社員（そのパートナーと家族）について，婚姻関係を有する配偶者と同等の福利厚生制度を整えている。

・登録のための要件として，「生計を一にし，原則同居し共同生活を営んでいること」，「パートナーが20歳以上であること」，「社員・パートナーともに配偶者がいないこと」を設定している。

・パートナー登録の申請は，人事担当部局の特定の担当者にしか届かないシステムとなっている。パートナーの登録後，証明書類の提出をもって，諸制度を利用することができる。提出する証明書は，自治体が発行するパートナーシップ証明書や公正証書の他に，比較的取得が容易な住民票も認めている。
- 同性パートナーの登録が済めば，各種休暇（特別休暇（結婚・忌引）等），寮・社宅，社員赴任への同行，結婚祝い金等の支給などの福利厚生が受けられる。
- パートナー登録の申請者に対しては，どのような制度を使いたいかを個別に確認し，制度利用時の承認者や必要な手続等を説明している。申請者本人と，どの範囲であれば性的指向・性自認に関する情報を伝えてもよいか，タイミングはどの時期がよいか等を相談し，本人が制度を利用しやすいようサポートを行っている。合わせて，制度や職場に関する現状の課題や風土に関するヒアリング・相談を行っている。
- これまでにパートナー登録をした社員は一定数おり，実際に休暇制度等の利用実績もある。

事例45　**大阪府／金融業，保険業／1001人以上**

- 福利厚生制度の一部（休暇，休業，社宅の適用等）において，同性パートナーを配偶者としてみなしている。結婚に関する休暇や祝い金も適用している。
- 家族情報等を登録するシステムの配偶者欄に名前の登録があれば，配偶関係を証明する必要書類等は不要としている。また，パートナーの性別欄はない。
- 上記のような方法でパートナー関係を認めているため，制度の利用率についてはわからないが，制度を整備しておくことが重要だと考えている。

(6)　トランスジェンダーの社員が働きやすい職場環境の整備

事例46　**東京都／運輸業，郵便業／1001人以上**

- 採用については，応募書類について性別欄を設けていない。労務管理書類については，戸籍上の性別を書く欄が残っている書類もあるが，社員の目に触れる書類は白塗りで対応している。

・トランスジェンダーの方の中には，戸籍上の性別が男性で性自認が女性であるものの，見た目が戸籍上の性別のままであるため，「男性」として入社する社員もいる。そうした社員が，ホルモン療法を進める中で，見た目が変化していくことに備えて，事業所間の異動を希望することがある。そうした場合にも対応し，事前に異動の調整も済ませるようにしている。

事例47 **東京都／サービス業（他に分類されないもの）／100人〜300人**

・トイレの利用については，使いたい性別のトイレを使ってよいことにしており，社員もそうした方針であることを理解している。顧客や取引先もそうした方針を知っているが，苦言や苦情等が出たことは一度もない。

・通称名の使用については，特にルールを決めているわけではないが，実態として通称名を自由に使うことができる。本人が希望する通称名で名刺を作成している社員もいる。

事例48 **大阪府／不動産業，物品賃貸業／100人〜300人**

・トイレの利用については，本社のトイレが男女で分かれているが，基本的には社員しか使わないことから，性自認にもとづいて希望するトイレを使ってよいことにしている。

・健康診断は，本社にバスを呼んで行う集合健診にて実施しており，基本的には男女別に行っている。当日受診できない社員やオプション検査を付けている社員は提携先の健診センターで受診することになっており，当事者から希望があれば，そのような対応が可能になっている。

・採用に関して，エントリーシートや会社のウェブサイトに掲載している応募用紙に，性別の記入欄を設けていない。

事例49 **東京都／金融業，保険業／100人〜300人**

・トイレの利用については，ビル会社と連携しながら，当事者が望む形で利用できるようにしている。周りの社員は受け入れている様子だが，何か違和感がある場合には，人事総務部まで連絡するように周知をしている。

・健康診断については，会社の一斉受診か個別対応（別日程・別機関）を選べるようにしている。当事者にヒアリングを行い，会社の一斉受診の機会に受診したいというニーズがあったため，当事者が一番早く受けられる順番で実施するようにしたところ好評だった。なお，社員の中にはカミングアウトしていない人もいる可能性があることから，健康診断の問診票を社員に届ける際には，社員全員に，男性用・女性用の両方を送るようにしている。

事例50　大阪府／建設業／1001人以上

・服装については，一般職に制服があるが，2019年４月からパンツスタイルを導入した。

・性別適合手術に関する休暇については，診断書があれば積立年休を利用することができる。

事例51　東京都／製造業／1001人以上

・服装については，工場では制服が用意されており，従来は制服の色が男女で分かれていた。工場の管理運営上，異物混入などを防止する目的として制服を見直す機会を定期的に設けており，その見直しの際に同色にすることにした。

・通称名の使用については，従来は外国籍の社員などに限って認めていたが，トランスジェンダーの人も通称名を使えるように2020年５月に改定予定。また同じタイミングで，結婚後に職場で旧姓を名乗る社員も，メールや電話帳だけではなく各種名簿等においても通称名（旧姓）を使うことができるよう対応する予定。

・ホルモン治療や性別適合手術等に対する支援として，一週間以上の休暇を取る場合，失効年次有給休暇の積立制度（年間５日，最大45日積立可）の対象としている。

事例52　大阪府／金融業，保険業／1001人以上

・服装については，「オフィスに適した服装・身だしなみ10ヵ条」を定めているが，性自認が多様であることを尊重し，多様な性を考慮した運用を行うこととしている。
・通称名の使用，健康診断の対応などは，個別対応をすることにしている。
・トイレについては，誰でも使えるトイレが設置されている拠点もあるが，すべての拠点で整備されているわけではない。自認する性のトイレを使用したいという申し出は今のところないが，当事者の性別移行の度合いにもよるところがあり，職場に理解を求めるなどの対応を検討している。
・トランスジェンダーの方の性別適合手術については，診断書の内容によっては傷病休暇を使うことができる。

(7)　職場における支援ネットワークづくり

事例53　東京都／運輸業，郵便業／1001人以上

・研修を受講するなど，性的指向・性自認に関する取り組みに何らかの形で関わった社員に対して，自分がアライであることを表明できるシールを配布している。アライとなるための基準はない。ハードルは低い方がよいと考えていることから，少しでも性的指向・性自認に関する取り組みに触れたことがある社員には，シールを配布している。
・社内の当事者の声として，「何かあったときに相談できる人が多くいることを感じ，安心する」「理解のある社員がどのくらいいるのか不安もあったが，多くの人がシールをつけていてよかった」等の声が聞かれている。

事例54　大阪府／金融業，保険業／1001人以上

・LGBT に関するテーマを扱った朝礼を受講した従業員で，アライに賛同する希望者に対して，当社作成の「アライシール」を配布している。
・LGBT に関する内容を扱ったメールマガジンを２ヵ月に１回程度，希望する従業員に配信している。世の中の動きや社外イベント等に関する情報を提供している。
・LGBT に関する理解を深める啓発を行うとともに，アライの輪を広げている。

◆

事項索引

■ア　行

■カ　行

■サ　行

■タ　行

■ナ　行

■ハ　行

■マ　行

■ラ　行

■編　者

第一東京弁護士会司法研究委員会
LGBT 研究部会

詳解　LGBT企業法務

2021年６月28日　初版第１刷印刷
2021年７月７日　初版第１刷発行

編　者　第一東京弁護士会
　　　　司法研究委員会
　　　　LGBT研究部会
発行者　逸　見　慎　一

発行所　東京都文京区 本郷６丁目４－７　株式会社　青林書院
振替口座　00110-9-16920／電話03(3815)5897～8／郵便番号113-0033
ホームページ☞ http://www.seirin.co.jp

印刷／藤原印刷　落丁・乱丁本はお取り替え致します。

Printed in Japan　ISBN978-4-417-01812-4